特別の教科

道徳

板書で見る
全時間
の授業のすべて

中学校 **3** 年

田沼茂紀 編著

東洋館
出版社

まえがき

　今、中学校の道徳科が熱い。平成27（2015）年３月の学校教育法施行規則改正に伴う小・中学校学習指導要領一部改正によって、昭和33（1958）年９月より60年余の足跡を刻んできた我が国の特設「道徳の時間」が「特別の教科　道徳」＝道徳科へと移行転換した。その教育目標、内容、指導法等の特質から「特別の」という冠は載せられてはいるものの、各学校の教育課程編成においてはれっきとした教科教育として位置付けられたのである。この道徳科への移行転換は、学校教師、保護者のみならず、その授業の主人公である生徒たちにとっても有意味な学びをもたらすこととなったのである。

　道徳科、この新たな特別の教科がもつ意味はとてつもなく大きい。なぜなら、それまでの各学校における道徳教育推進や道徳の時間の指導実態を思い起こしていただければ明白である。まず、教科書がない。それに、せっかく熱心に指導したとしても、そこでの学びのよさを学習評価してそれを生徒に伝えたり、通知表や指導要録に記録として留めたりすることで次の新たな学びへ発展させるといった学習継続性を担保することも求められてこなかった。

　進学時の内申書等にも関係しない年間35時間、ただでさえ教科指導時数不足や取り組むべき喫緊の教育課題山積で悩む中学校において、そんな裏付けのない道徳の時間を大切に指導する教師は「熱心さ」を通り越してその頭に不謹慎な２文字が付くような奇特な人といったイメージすらもたれていたのである。それが「特別の教科　道徳」として教科教育に位置付けられて検定済み教科書も無償配布され、学習評価も求められるようになると、教師は俄然やる気スイッチを全開にして取り組みはじめたというのが偽らざる実相であろう。

　その理由は、簡単なことである。言うまでもなく、道徳科には他教科のように担当するための教員免許状は不要である。ソクラテスをはじめ、多くの先人が語っているように、学校教育は人格形成を究極目的とする道徳教育そのものである。その人格形成に必要な教員免許状を取得する際、誰一人例外なく教職科目を共通して学ぶのである。つまり、担当教科の前に道徳教育を学んでいるのである。

　だから、「なぜ教師になろうとしたのか」と問われれば、多くの教師は生徒の人格的成長の過程を共に歩みたいからと即答するのである。今般の道徳科への移行転換は、多くの教師にとって自らの原点を再度自問する「自己内対話」の機会となったのである。だから今、中学校の教師は道徳科に熱い眼差しを向け、それぞれのスタンスで道徳科と関わろうとしている。これからの道徳科の発展が楽しみである。

　さて、本書刊行の意図はここにある。教師個々が教職として自己実現を果たすには、当然ながらそれに係る専門性や指導スキルが不可欠である。それを年間の全授業の全体像が見える板書のみでなく、教材を最大活用するための指導ポイントを丁寧に解説したのが本書である。

　この一冊が多くの教師の自己実現のための「道標」となることを願っている。

　令和４年弥生

編著者　田沼　茂紀

板書で見る全時間の授業のすべて
特別の教科 道徳 中学校3年
もくじ

1 3年生の発達の段階に応じた道徳科の授業づくりの考え方

2 令和時代の中学校道徳科授業構想とその展開〈全学年共通〉

3 第3学年における道徳科授業の展開

A 主として自分自身に関すること

4 特別支援学級における道徳科授業の展開

本書の活用に当たって

本書の各事例を、各学校で生かしていただくために、各ページの活用に際しては、特に次のことにご留意ください。

取り上げている教材について

本書では、各事例を先生方に幅広く参考としていただけるように、道徳教科書を発行している全ての教科書会社ではありませんが、そのうちの5社の各教科書に掲載されている教材であるとともに、多くの教科書に掲載されている教材や定評のある教材をできるだけ選ぶように努めました。

なお、同一の教材でも、教科書によって、教材名、教材文中の登場人物の名前、文章表現、使用する学年等が変わっていることがあります。

教材の出典について

活用の参考となるように、各事例で用いる教材の出典を教材名の右上に五十音順で記載しました。道徳教科書については令和2年度版の検定済教科書によっていますが、版によって収録される教材が入れ替わる場合もありますのでご留意ください。

なお、「出典」の略記は、それぞれ下記出版社の教科書を表しています。

学研：学研教育みらい　　教出：教育出版　　東書：東京書籍
日文：日本文教出版　　　光村：光村図書

著作権上の規定について

各学校においては、各地域で採択された教科書を使用していることと思います。授業において、生徒用に配布されていない教科書に掲載されている教材を活用する際には、著作権上の保護規定にくれぐれもご留意ください。

各事例で用いる用語について

道徳の授業展開や板書に関わる各用語については、編著者のほうである程度統一を図りましたが、各執筆者が日常の実践の中で用いる用語も大切にして書いていただいています。したがって、例えば、黒板に貼る文字を書いた「文字短冊」についても、「文字カード」「板書カード」「フラッシュカード」等、事例によって表現が異なる場合もあります。ご承知の上、ご活用ください。

なお、第4章では、特別支援学級の当該学年段階で、特に、知的障害や発達障害のある生徒を対象として指導に生かすことを想定した参考事例を2点掲載しています。各学級の生徒の実態を的確に踏まえ、柔軟に活用してくださるようお願いします。

本書活用のポイント

　本書は、「特別の教科」である道徳科の授業の年間標準時数に当たる全35時間分の主題について、板書のイメージを中心に、教材名と主題名、本時のねらい、本時の展開などを合わせて見開きで構成しています。各事例に示す各項目のポイントは次のとおりです。

教材名と主題名

まず、各授業で生かす中心教材と、その下段に示した道徳の内容項目及び、学習テーマとしての主題名を確かめましょう。
教材が掲載されている教科書の出版社名も、教材名の右に示しています。

本時のねらい

中学生の発達の段階を踏まえ、どのようなことをねらいとして本時の授業を行うのかを明確に示しています。
その上で、使用する教材の要旨を紹介し、どのようにして内容項目に迫っていくのかを示しています。

学習課題の明確化

授業を通して個別の問いの解決を図る「学習課題」を設定します。この課題について考え、議論することを通して、共通解を出し合い、自分の考えを深める（納得解を得る）構成です。教材の特徴を捉え、いかに生徒が自分事にできる課題とするかがポイントです。

教材名　　　　　　　　出典：教出
カーテンの向こう

主題　気高い生き方

D㉒よりよく生きる喜び

本時のねらい

　すばらしい人の人生に触れると、憧れと同時に諦めを併せもつことが多い。中学生はどんな人にも弱い自分があり、それを克服したいと願う心があることを理解できる。さらに、自分もよりよく生きたいと思い始める時期でもある。
　主人公の私は、寝たきりの重症患者の病室で２番目に古い患者だった。窓際のベッドにいるヤコブが話す外の様子だけが、みんなの希望だった。ヤコブが死んで、窓際に移った私がカーテンから見たのは、冷たい壁だった。
　真実を知る前、知った瞬間、これからの３つの「私」の心の揺れを、自分ならという視点で考え、可視化して話し合う。場の設定を工夫し臨場感をもたせて、窓際を譲らなかったヤコブの思いにも触れ、自分の生き方を考えさせる。

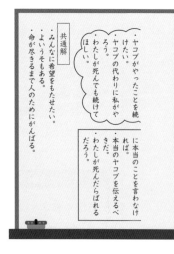

本時の展開 ▷▷▷

1 学習課題を設定する

必須発問①
カーテンの向こうを見たとき、あなたは何を考えたか。

　重症患者だけの病室に入ったとき、ヤコブの話を聞くとき、周りのみんなが亡くなっていくとき、ヤコブが死んだときの私の気持ちを心情曲線で可視化してもよい。テキストマイニングツールを活用してもよい。自分の心の明暗を確認して、夢にまで見ていたカーテンの外の真実を知った時の私の気持ちを、自分の言葉で話し合う。その上で、ヤコブの真の姿を初めて知り私が何を感じ、何を思ったのか、どうしてヤコブは嘘をついていたのか等、多面的・多角的に考えて話し合うことで、学習課題に繋げる。

2 共通解を考える

中心発問
窓際のベッドに移ったあなたは、これからどうするか。

　周りから冷たい人間だと思われても、死ぬまで嘘をつき通したヤコブをどう思うかを尋ねてから、中心発問を問う。ヤコブの行動を肯定的に捉え、自分も同じようにしようと思う生徒と偽善だと否定する生徒とがいる。ノートなどに理由を書かせ、両方の立場から考えを述べ、議論する。一方の立場に偏ることも予想されるので、切り返しの発問や揺さぶりの発問で議論をかき混ぜる仕掛けをする。多様な考えや価値観に触れることで、これからの自分を考え、自分たちなりの共通解に辿り着くことができる。

第3学年における道徳科授業の展開
102

本時の展開

　生徒の学びは、学習課題に出合ったときに抱く個別の道徳的問いを踏まえて道徳教材や他者との協同的な語り合い・学び合いをすることで共通解を導き出し、その共通解に照らしながら生徒一人一人が考えを深めることで納得解を得るというプロセスを経ます。
　そこで、本書では「学習課題を設定する」「共通解を考える」「納得解と向き合う」という３ステップを設定し、「必須発問①」「中心発問」「必須発問②」を軸として授業展開例を示すことで、自分事としての課題探求型道徳科授業の実際をイメージできるようにしています。

＊板書内掲載のイラストは、（一部を除き）出典として挙げている教科書掲載の写真やイラストを参考資料として、新規に描き起こしたものとなります。

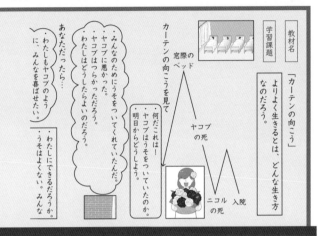

3 納得解と向き合う

必須発問②
誇りをもってよりよく生きるためには、どうすればよいのだろう。

ヤコブの生き方はよい生き方だったと思うかと問い、自分が描く「よりよい生き方」を想像させる。「あなたがよりよく生きるためには、どんなことを大切にしていきたいか。」と問い中学３年生なりに自分の生き方に目を向けさせる。共解解で描いたイメージを自分の納得解に落とし込む生徒もいれば、自分が理想とする人物の生き方を、自分の納得解として導き出す生徒もいる。一人一台端末を活用して、意見を共有するなど、多くの生徒の考えに触れさせながら、自己内対話を深めさせたい。

よりよい授業へのステップアップ

臨場感と緊張感のある板書

国も時代も異なる設定の教材であり内容を身近に感じることが難しい生徒もいるだろう。病室の情景やヤコブの話す情景の絵を活用して、教材の内容を理解しやすくする。また、主人公の心情の変化を可視化するために、生徒と共に心情曲線を描くと、主人公の心情に寄り添いやすくなる。思考ツールを活用して、主人公、ヤコブ、他の患者たち、それぞれの立場の思いに触れて最後の場面に臨むと、より深い納得解が期待できる。教材を切って提示しても、心を揺さぶる展開が期待できる。

板書の役割と構造

板書の目的は生徒が自らを見つめ、自らの道徳的価値観を多面的・多角的に拡げ深めていくためのものであり、次の３つの役割に集約することができます。

A．生徒に学習の見通しをもたせる。

B．生徒自身が自らの道徳的価値観を拡げ深められるようにする。

C．生徒が自らと自己内対話しながら価値あるものを納得して受容する。

こうしたことから、本書では黒板で例示しているものの、ホワイトボード、模造紙等々のアナログ学習ツール、タブレットやプロジェクターで投影したデジタル学習ツールであっても差し支えない点に留意が必要です。また、板書する方向も教師の考え方次第ですので、本書では「横書き」の板書例、「縦書き」の板書例のいずれかを提示しています。

いずれの板書にも共通することは、「教材名」「学習課題」「共通解」の板書を必須枠として提示し、教材に即しながら生徒一人一人の考えや葛藤を構造的に視覚化するようにしています。

よりよい授業へのステップアップ

「よりよい授業へのステップアップ」では、生徒一人一人が納得解にたどり着けるようにするために必要な着眼点を提示し、教材の活用方法、考え議論するための手立て、ICTの利活用、共通解を引き出す手立て、板書を生かした思考の活性化を促す方法、本時を通じてどのように内容項目に迫っていくか、などを提案しています。

教材の位置付け

教材は大きく「共感的」「批判的」「範例的」「感動的」の４つに分類されます。本書では、それらをバランスよく盛り込み、生徒一人一人が個別の道徳的問いをもてるようにし、それを集団思考によって突き合わせ、語り合わせることでその問いの背景にある道徳的価値への気付きや道徳的価値に対する自らの自覚的理解を問うものとして位置付けています。

1

3年生の発達の段階に応じた
道徳科の授業づくりの考え方

1 生徒それぞれの「個別な価値観としての道徳性」を自覚できる

　人が成長する過程には、必ず節目となる事柄が介在する。義務教育修了という新たな巣立ちを控えた中学校 3 年生の大人びた顔立ちとは裏腹に、その心の中は春の嵐のように揺らぎ、ざわめいている。同時に人間としての「自我への自覚」は急激に高まり、成人と大差ない道徳的発達状況となって個別な道徳的価値観が形成されてくる。もちろん個人差も伴うが、個の内側に秘められた規範意識や自己実現欲求、人間としての生き方への希求が確実に高まってくるのが 3 年生のこの時期である。

　この時期の生徒の内面を喩えるなら、「嵐の時代」そのものである。自分と関わる全てのことに対して悩み、日々葛藤し、理由も明確でないままに反発するといった特有の精神発達期であり、避けては通れない進路という人生選択を前に激しく変容する自己をもて余すような多感な年代でもある。

　ただ、そんな発達期にある 3 年生だからこそ道徳的諸課題としっかり対峙し、自我関与しながら自らの価値観形成を促進できる好機とも考えられるのである。生徒一人一人が自らを独立した人格の所有者であることを強く自覚し、共に生きる他者と手を携えながら今日を生き、明日を生きようとする未来志向的で自律的な人生の羅針盤をしっかりと機能させて歩みはじめる精神発達期であることをきちんと押さえておきたい。つまり、生徒一人一人が自らの内に「個別な道徳」を構築する絶好の機会が 3 年生のこの時期なのである。それゆえ、道徳科では生徒一人一人の不可逆的で未来志向的可塑性に満ちた個別な道徳的価値観形成プロセスを心から認め励まし、勇気付けてやりたいのである。

　中学校 3 年生、その大人びた言動につい何でもできそうな期待感を向けがちとなるが、その内面は、思春期固有のざわめきの中で揺らいでいる「自己への眼差し」が内在していることを忘れてはならない。生徒一人一人の道徳性を道徳科で育むことを視座するなら、この心身のアンバランスな成長期にこそ自らを問い、自問しつつ最適解を見いだそうと必死でもがく心的変容促進機能として作用する道徳科をより一層大切にしていきたいのである。また、その指導の際の「肝」となるのは、生徒一人一人の「個別な価値観としての道徳」への自覚化を促すことの大切さである。

　中学校 3 学年段階の心理的な特徴についてもう少しだけ言及するなら、この発達段階期特有のものとして先に触れた「自己への眼差し」の奥深さとアンバランスさが挙げられる。これは自己肯定感あるいは自己受容感といった自分への眼差しを安定的な状態へ自己調整していこうとする生徒自身の内面的なバランス形成プロセスでもある。その前提となるのが「個別な道徳的価値観」への自覚である。つまり、そこまでの個としての成長過程で他律的あるいは自律的に蓄積され、そのときどきで幾度となく問い直しや意味付けされてきた個としての道徳的価値観への自覚的理解があってこそ、それまで当たり前のように思ってきた自分とその周囲にいる人々との関係性の中で生かされてきた自分に気付き、同時に当たり前と思っていた社会認識や道徳的価値基準との隔たりを再認識するのである。

　社会の一員としての自己存在の意味を自問しつつ、他者と共によりよく生きることの意味を問い、その道徳的価値観の認識的なズレと対峙し、何をどう理解しつつ最適解を紡ぎ出すのかという不可避的な問答を繰り返すのが中学生 3 年生という年代特有の一般的な姿であろう。子供たちは一見すれば同じ 3 年生であるが、それは個の集合体であり、十把一絡げに理解されるような現実は存在し得ない。生徒一人一人が自らの生きる拠りどころとしての道徳的価値観を求め、彷徨い、苦悩し、自らの叡智でそれを確立しようとしている。それを援助するところに道徳科の意義があろう。

2 自らへの眼差しで内面をモニタリングしようとする

中学生にとって、「モニタリング」とはいったいどんなものなのであろうか。これは本質的には中学生であるとか大人であるとかを問わず、誰しも日々の生活の中で体験する現実でもある。人と人との間に生きる存在としての人間にとって、いつも平常心を保ち続けることなど至難の業である。日々、必然的に発生する対人関係の軋轢や利害関係等で生ずる摩擦等は日常茶飯事である。これらの出来事によって引き起こされる心の揺らぎと内面的な傷つき、これらを整理して均衡化する働きが自己モニタリングである。人は事あるたびに感情を掻き乱され、葛藤を繰り返す。ましてや中学生なら、日々の中で心の揺らぎや内面葛藤を覚えることが日常生活の中で常態化していよう。これらとどう向き合い、どう克服していくのかという発達的課題解決の切り札こそ、自己モニタリングである。

　思春期という多感な時間を生き、友人、家族、様々な人間関係等に翻弄されながらもそれを乗り越えて少しずつ成長していく自分自身の変容を見つめ、自覚化することは、自らの内面に個別な価値観を形成していく過程そのものである。この不可避的な道徳性発達プロセスにおいて必然的に生ずる心の揺らぎから逃避することなく向き合って乗り越えようとする「自己への眼差し」に気付き、誇れることができるなら、それは正しく自律的な人格形成への学びそのものであろうと考えるのである。

　ならば、道徳科指導にあって留意すべき事柄とは何なのか。それは一言で表現すれば、「個別最適な自律的道徳学び」を可能にすることに尽きよう。なぜなら、内面的成長という側面から捉えると個人差が顕著になる中学生のこの時期、十把一絡げの一律な指導観では「個別な道徳」の確立は不可能だからである。つまり、Ａ君にはＡ君がそれまでの自らの人生で形成してきた道徳的価値観があり、Ｂ子さんにも同様にＢ子さんの生活体験の中で形成してきた道徳的価値観があり、同級生として同じ教室で机を並べて同じような環境の中で学んでいるＣ夫くんにもやはりＣ夫くん固有の道徳的価値観が存在することを肝に銘じた個別な道徳学びの実現を目指していくことが何よりも重要なのである。

３ 自己への眼差しの中から「自らの問い」を発見できる

　道徳科で目指すのは学習指導要領「特別の教科　道徳」の第１「目標」に述べられているように、「人間としての生き方についての考えを深める」ことである。その考え深める学習を通して道徳性を自らの内に育みながら、よりよく生きるための「生きる力」の基盤を確立していくところに道徳科授業の意味があり、その中で生徒が「自己の生き方」を改めて問い、自己省察的な学びの中で浮かび上がってきた一人の人間としての自己を自覚化していくところにこそ道徳科の教育的人格陶冶の意義が有意味に機能するのである。そんな視点をもって生徒と日々向き合うなら、中学校３年生という発達期に生きる生徒の「心の育ち」の実相と解決すべき教育的課題がきっと見渡せるに違いないと考えるのである。そんなときに不可欠なのが、「自らへの問い」とそれに対する「対話」の重要性である。

　「問い」と聞くと、ソクラテス的な問答をイメージする教師も少なくないであろう。道徳科で生徒に問いかける個としての生き方についての問いとは他教科と異なり、まさに「自らへの問い」そのものズバリであろう。そこでの「問い」の特徴は、あらかじめ正答が定まっていないということである。つまり何が正しい解答、何をもってその正しさを証明付ける妥当な根拠を伴って最適解と言えるのか、問う本人も、その傍らで共に解決の糸口を見いだそうと思い悩んでいる級友も容易に探し出すことができない正答をもたない問いでもある。道徳科における「問い」とは、中学生に限らず全ての人間に問われている「善く生きる」ということの最適解を探し求める道徳的命題の探求そのものなのである。

　道徳科で目指す生徒の心の育ちは、自分の人生をよく生きるために正答のない問題集に挑ませる中から生じてくる。ときとして無謀であったり、時としてワクワク・ドキドキのスリルとロマンに溢れていたり、それら全ての基は成長可能性をもった「自己への眼差し」からの探求なのである。

1 自分と向き合い自らの「問い」と自己内対話する時間

　中学校３年生だから特別に大切だということではないが、人は誰しも明日をよく生き、未来をよりよく生きようと志向する存在である。そして、人は皆それぞれに人格的な成長を遂げていくそのプロセスにおいて、どうしても自己と向き合わざるを得ない場面にたびたび遭遇する。そこで暫し自らの内面の在り方を自身で問い、自己内対話を重ねながら省察することで新たな道標を見付け、再び歩み出す。その際、自らの取るべき態度や目指すべき生き方を選択・決定するのは自分である。

　人は皆、そうして自らの人生の障壁を一つ一つ乗り越えながら一歩先へ進んでいくのである。その根本にある自己内対話という精神活動は何も特別なことではなく、中学校生活という時間軸の中で、空間軸の中で、対人関係軸の中で、状況軸の中で頻繁に遭遇することである。つまり、その道徳的省察の繰り返しが生徒にとっての日常的道徳生活そのものなのである。それらをしっかり踏まえながら意図的・計画的・発展的に授業として構想していくのが即ち道徳科である。

　その道徳科では、これまで個の内に形成してきた道徳的価値観を問い直し、吟味・検討を重ねることで新たな価値観創造することが目指すべき目標となる。そんな個の内面的な人格成長を促す道徳科において重要な役割を担うのが対話（Dialog）である。単なる会話ではない対話が成立するためには、対話主体と対話客体との間に共感的理解がなければならない。その共感的理解がなければ、それは個の内に閉じ込められた独白（Monologue）に留まってしまう。だからこそ、対話なのである。その対象が他者であれ、自己であれ、対話は内面的成長過程において必要不可欠なものなのである。

　道徳科での対話の本質は、自らの既存価値観と新たに受容した道徳的価値との間で調整される自己内対話である。他者対話を通じて手にした道徳的知見と道徳的感情体験とを自己内対話によって自らの価値観に引き比べて吟味・検討し、必要とあれば主体的に更新していく。これこそが道徳学びであり、個の価値観創造の本質である。このような自己問答としての哲学的対話を意図する教育活動の場こそ、道徳科である。ならば、他者対話⇒自己内対話⇒価値観創造のプロセスを肝に銘じたい。

2 社会の一員としての自分を自覚してその生き方を深く省察する時間

　先にも触れたように、人間は人と人との間に生きる「間柄的存在」である。ゆえに、相互の異なる価値観がぶつかり合って軋轢を生ずる。そこで人間は叡智で互いにその異なる価値観を摺り合わせ、納得のいく形で調整的に統合することで多くの人にとっての望ましさとなる道徳的価値（共通解）を共有し、その摩擦を回避するのである。このような相互にとって望ましい生き方となるよう他者と調整的に摺り合わせ、了解し合える価値合意手続き（Moderation）を得ることで不文律な集団的価値規準を形成する。言わば社会的通念として暗黙裏に形成され、容認されてきた道徳的価値である。

　しかし、この道徳的価値は経典等によって示された宗教の教義や法律と言った明文化された絶対的な性格のものではない。そのときどきの、その社会の構成員の暗黙的合意に基づく可塑性と発展的可能性とを含んだ精神的ものである。

　道徳科授業では、他者と共によりよく生きるという理想の自己実現を図るために社会の一員として自分の役割を自覚し、積極的に社会と関わり、その構成員全てにとっての望ましさ、"Will Being"を希求するための共感的相互理解の場であることが何よりも大切であると考える。特に３年生の段階は、義務教育修了後の進路という自らの人生の節目が待っている。自らの拓かれた未来に向け、夢や希望を膨らませながら内面の「志」を振起する絶好の時期でもある。そんな生徒一人一人の生き方の

よさを励まし、勇気付け、自らの可能性を模索しようとする背中を後押しするような包容力と受容力に溢れるダイナミックな授業構想となるような道徳科にしたい。

❸ 道徳的諸価値を問い直して自ら主体的に受容するための時間

　生徒一人一人の道徳的なものの見方・感じ方・考え方としての道徳的価値観は、プライベートで可変的なものである。ゆえに、生徒は日常的道徳生活の中で遭遇する様々な道徳的体験よってそれまで形成してきた個としての道徳的価値観に揺さ振りをかけられ、自らそれをより高次な道徳的価値観へと変容させていく。やはり、その意味でも生徒の主体性が道徳科の中で発揮されるような授業づくりをしなければ、ただ形式的で道徳的知見のみを獲得させるだけのものとなってしまうのである。

　もちろん、その獲得した道徳的知見は道徳知としては蓄積されるが、生徒自身の日常的道徳生活の中で生きて働く力として発揮され得るのかと問うなら、自我関与という点で甚だ心許ないものである。生徒が自分事として捉え、考え、判断し、表現できるような論理的思考型の道徳科授業にしていかなければ、生徒一人一人の日常的道徳生活において機能する内面的資質の形成は叶わないであろうし、自分事として役立たない道徳的知見など、いずれ記憶の彼方に押し込められてしまうのである。

①生徒一人一人の道徳学びのための「問い」を引き出す

　道徳科における道徳学習でまず大切にしなければならないのは、生徒自身の主体的な学びの場の創出である。そのためには、生徒一人一人が道徳科学習に臨むに際し、個の学びを開始する必然として「問い」をもっていることが何よりも重要である。「問い」のない授業とは、水を欲していない馬を川辺へ連れて行って飲むよう強要するようなものであるに違いない。ならば、生徒が自分事の道徳学習を開始するために教師はどのような手立てを講ずることが可能なのであろうか。生徒に問いをもたせること、ここから道徳科授業は開始されるのである。

②生徒相互の学び合いを「協同学習」で創出する

　個の道徳的問いを課題追求していくためには、自分とは異なるものの見方・感じ方・考え方に触れる必然性があることは言を俟たない。このような多面的・多角的で拡がりと深まりのある学びの場こそが、生徒一人一人の道徳学習を促進する。道徳科では道徳的諸価値について皆で合意形成するのではなく、互いの価値観を語り合い、摺り合わせ、吟味・検討し合った結果を最終的に自らの価値観形成へ還元する協同的学び（Cooperative Learning）が学習プロセスとして最重要なのである。そのためには、個々の問いから協同学習へと発展させていくための共通学習課題（めあて）の設定が不可欠である。この共通学習課題こそ授業を貫くテーマ発問であり、中心発問と重なり合う道徳科の「肝」となるものである。この協同学習で共有し合う主題に係る道徳的価値の望ましさとしての「共通解」は、個の価値観形成を促進する前提としてなければならない道徳的諸価値理解として機能するのである。

③共通解から個の価値観形成としての「納得解」を紡がせる

　道徳科授業は、主題として設定された価値内容について生徒同士が合意形成する場ではない。道徳的価値を個別に体現した内容項目を手がかりに生徒と教師がよりよい生き方を求めて共に考え、その実践化に向けて語り深め合い、最終的に生徒一人一人が個別に自ら納得できる価値観を形成するところにその本質的な意味がある。つまり、道徳科授業は生徒一人一人が自らの内面にもっている価値受容力を支えにしながら個としての納得解を紡いでこそ、その学びの意味が存在するのである。

　言うなれば、生徒は道徳的価値に対して自我関与し、課題解決的な学習（問いがあり、その問いを自ら解決することを目指して価値追求する道徳学びのストーリー）を構想し、自らの個別的な道徳的価値実現をイメージする「自分ならどうするか」という立ち位置を大切にしながら道徳的価値と向き合い、他者との語り合い、道徳的価値理解を自分自身との関わりの中で個別的に深めるのである。

2

令和時代の
中学校道徳科授業構想とその展開

〈全学年共通〉

「令和の日本型学校教育」と
道徳科授業の新たな構想

1 「特別の教科　道徳」誕生の経緯と移行による質的改善

　学校教育の前提である学校教育法施行規則が改正され、新学習指導要領が小学校では令和2（2020）年度より、中学校では令和3（2021）年度より全面実施された。ただ、「特別の教科　道徳」＝道徳科については他教科等に先駆け、平成27（2015）年3月の学校教育法施行規則一部改正で示された「特別の教科　道徳」として小学校では平成30（2018）年度より、中学校では平成31（2019）年度より先行実施されている。そして、初めて検定・採択を経て無償配布された道徳科教科書も、他教科等の改訂学習指導要領と足並みを揃えるため2年間で改訂され、その内容の充実が一層図られて現在に至っていることをまず押さえておきたい。この教科への移行転換で肝心の道徳科授業はどう変化したのかと問われれば、それは3点に及ぶ象徴的な教育課程上の改革として説明できよう。

　1点目は、教員免許状にかかわらず全教師が「特別の教科　道徳」、つまり道徳科を担当するよう措置されたことである。即ち、既に所持している教員免許状の種類にかかわらず全ての教師が担当できる特別の教科となったのである。これは、教育基本法に示された学校教育の究極的目的である生徒の人格形成を担う教師であれば当然のことである。学校教育はイコール道徳教育という当たり前の事実に思い至れば、容易に納得できることである。つまり、誰しもが生徒の前に立てば道徳教師なのである。

　次なる変革は、道徳科教科書が国の責任において発行され、無償配布されたことである。昭和33（1958）年に特設されて以降、60余年にわたってその足跡を刻んできた教科外教育としての「道徳の時間」では、教科でないがために教科書が存在しなかった。指導に当たる教師や学校の責任において選択された道徳教材が用いられたので、地域や学校間の質的なばらつきは看過しがたいものであった。それが教科となったことで、文部科学省の検定済み教科書が公費によって無償配布されるようになったのである。これも当たり前のように受け取られるが、とても大きな改革である。つまり、教科書が用いられるということは学習指導要領で示された学びの範囲（scope）と学びの順序性（sequence）を教科書によって具体的に担保されていることの証左でもあるからである。

　そして3点目は、何と言っても道徳科に学習評価が導入されたことである。教科であれば指導したならその学びを評価して通知表等で家庭に知らせたり、指導要録に指導記録を残すことで継続的な指導に役立てたりするのは当たり前のことである。道徳科も教科になったことで、他教科同様に生徒一人一人の学習状況や道徳性に係る成長の様子を継続的に評価するよう求められるようになったのは周知のことである。もちろん、個の内面的資質としての道徳性を数値等でランク付けしたり、ラベリングしたりすることは不可能なので、大くくりの文章による肯定的評価をすることとなったのである。

　つまり、生徒の学びのよさや成長の様子を認め励ます教育本来の人格形成に向けた評価をするようになったのである。本来であれば、教師が指導したら教育評価をするのは当然のことである。それがなければ、指導効果検証も生徒の学習成果検証も蔑ろにされてしまうからである。教育評価が伴ってこその学校教育であることを勘案すれば、道徳科に評価が導入されたのは必然的なことであると説明できよう。

　従前の「道徳の時間」が「特別の教科　道徳」に移行転換したことで、エビデンス（evidence：学び成果）を前提とした道徳科授業が求められるようなったのは生徒の視点で捉えるならとても大きな質的改善であることを理解しておきたい。

❷ 令和の日本型道徳科授業を展開するための視点

　全国の小・中学校で新学習指導要領が全面実施となり、先行して実施された道徳科も全国の教室で確実にその成果を上げつつある。教科外教育から教科教育へと教育課程上の位置付けを大転換するという出来事は、それに携わる教師自身のパラダイム転換も不可欠である。従前の道徳授業とは似て非なるものといった発想の転換、これをなくして令和新時代の道徳科充実はあり得ないのである。

　折しも令和3（2021）年1月、中央教育審議会は「『令和の日本型学校教育』の構築を目指して～全ての子供たちの可能性を引き出す、個別最適な学びと、協働的な学びの実現～」と題する答申を公表した。その中で道徳科に係るポイントは、おおよそ以下の5点である。

　1点目は、急激に変化する予測困難な時代の中で生徒たちに育む道徳的資質・能力についての共通理解とその実現を可能にする道徳科授業改善に向けた取組の必要性である。これからの道徳科では、道徳的思考力や判断力、表現力のみでなく、新たに直面する道徳的課題について最適解や納得解を導き出すことが求められる。また、人間関係構築力や社会参画力、自己実現力といった資質・能力も、持続可能な社会形成に向けてこれまで以上に必須なものとなってくる。

　ならば、道徳科授業ではどうすればよいのか。道徳の時間から道徳科へと看板の付け替えはしたものの、相変わらず教師の一方的な発問のみで引っ張る授業、読み物教材とチョーク1本で進めるワンパターンの授業で果たしてその責務は果たせるのか。生徒たちにどんな道徳的資質・能力を育むことが未来社会を生き抜く上で必要なのかという前提要件からの議論を進めていくことが不可欠となろうが、全てはこれからである。

　2点目は、学習指導のみならず生徒指導等も含めて生徒を知・徳・体一体型で全人格的に指導する日本型学校教育のよさを再確認するため、丸抱えによる教師の過剰労働等も勘案しながらその成果検証を進めたり、直面する課題を明確にしつつ克服に向けた取組を模索したりすることも必要である。特に道徳科は生徒の道徳性に係る状況を総合的に把握しなければ、指導によってその変容を促すことが難しい。教師が指導に必要な生徒理解情報を担保しつつ、どこまで校務の外部委託や合理化が可能なのかという困難の伴う現実ではあるが、どうしても克服しなければならない最重要課題でもある。

　3点目は、道徳科で実現する生徒の学びの姿を明確にした授業展開をしていくための取組である。我が国ではアクティブ・ラーニングが標榜されて久しいが、果たしてその実現はどうなのか。受け身の道徳授業から主体的に生徒が参加する道徳科授業へ、教師が求める正解探しをする道徳授業から生徒自らが納得解を紡ぐ道徳科授業へ、教材の読み取り道徳授業から生徒一人一人が考え議論する道徳科授業へ、ここに示した学びの姿をどう実現するのかは教師自身に突き付けられた自己課題である。

　4点目は、道徳科授業の質とその実施に伴う多様性、包摂性を高めていくための取組である。社会構造の変化の中で道徳科授業の在り方も問われている。生徒の学びに視点を置いたエビデンスベース型道徳科授業への転換はもちろんだが、生徒の背景にある多様性を前提とした個別最適な学びをどう創出し、これからの持続可能な社会の実現に向けてインクルーシブ（包括的）な視点に立ってどう協働的な学びを教育活動で敷衍できるかは、今後の日本社会で直面する必須の現代課題でもある。

　最後の5点目は、道徳科におけるICT活用の重要性である。言うまでもなく、既に全国のほとんどの学校ではGIGAスクール構想に基づいて一人一台のICT端末配備を終えている。それらの思考ツールを道徳科でどのように活用し、生徒にとって有効な道徳学びを実現していけるかは、全て教師の双肩にかかっている。「道徳科でICT活用なんて」と考えるのか、「道徳科授業だからこそICT活用だ」と考えるのか、その発想の隔たりは大きい。

　上述の5点を要約すると、その先に見えるのは「令和の日本型道徳科授業」の目指すべき姿である。学習指導要領で示されている道徳科の目標は、「自立した一人の人間として他者とよりよく生きる」ための道徳性を育むことである。ならば、その前提は生徒の主体的な学びの実現以外になかろう。

1 道徳科授業の基本的な考え方

　道徳科と聞くと、何のためにその授業をするのかという前提がまず気にかかろう。他教科であれば
あらかじめ指導すべき内容や目標が示されており戸惑うことはない。しかし、学習指導要領第3章
「特別の教科　道徳」の目標に示されているのは、「よりよく生きるための基盤となる道徳性を養うた
め、道徳的諸価値についての理解を基に、自己を見つめ、物事を広い視野から多面的・多角的に考
え、人間としての生き方についての考えを深める学習を通して、道徳的判断力、心情、実践意欲と態
度を育てる」といった記述である。道徳科を語るとき、「つまり、道徳科では何を指導すればいい
の？」と素朴な疑問が生じてくるのはある意味で仕方ないことでもある。道徳科授業理解は、この疑
問の先にある。

　道徳科では何を生徒に指導するのか、まずはこの素朴な疑問から考えてみたい。中学生に限らず、
子供たちは道徳学習をする前から、「自分のことは自分でする」「人には嘘をつかないで誠実に接す
る」「誰かに会ったら挨拶をしたり、何かをしてもらったらお礼を言ったりする」「困っている人には
優しく親切にする」「友情は大切だから大事にしないといけない」「たった1つの生命はかけがえのな
いものだから、どんなときも大切にしないといけない」等々、道徳的諸価値についてはおおよそ理解
している。ならば、何も道徳科授業で改めて指導することはなかろうと考えるのもごく自然な理屈で
ある。でも、果たして生徒たちは本当に道徳的諸価値について理解しているのであろうか。果たし
て、道徳科授業では生徒たちにどのような道徳学びを提供できればよしとされるのであろうか。

　「言うは易く行うは難し」という諺がある。古代ギリシャの先哲ソクラテスを引用するまでもな
く、道徳はただ知識として教えても身に付くことのない「個の内面で血肉化して理解される切実感の
伴う自分事の知識」である。よって、いくら教師が丁寧に指導したとしても、学習者である生徒自身
がそれを主体的に自覚しつつ受容しなければ内面化された道徳的知識となることはないのである。

　生徒が道徳的知識を身に付けた状態を道徳科の目標に照らして考えるなら、「道徳的諸価値につい
ての理解」とは生徒と道徳的諸価値との有意味的関連性が伴うものでなければならないのである。

　そのような自覚的な道徳的価値理解に至るためには、生徒自身が自らの日常的道徳生活を見つめ、
自分だけではない他者の広い視野も併せもって多面的・多角的に省みることで人間としての自分の生
き方や在り方の望ましさについて自覚的に理解できるのである。ならば、道徳科授業づくりはどうあ
るべきなのか。それを一言で表現するなら、日常的道徳生活の実践主体である生徒自身が内面に自ら
の生き方を見いだす人生の羅針盤となる道徳性を育んでいけるようにすることであるに違いない。

　生徒一人一人の内面に形成される道徳性は道徳的判断力、道徳的心情、道徳的実践意欲と態度と
いった不可分一体で相互補完的複合概念である。どれか一つだけを取り出して発達を促すといったこ
とができにくい内面的精神作用である。ならば、教師も生徒と一緒になってよりよい生き方という人
生の高見を目指し、「師弟同行」の精神で共に学べばよいのである。

　確かに授業である以上、教材分析や生徒理解、教材提示方法や発問の組み立て、生徒相互が語り合
うための場の構成等々の指導スキルや思考ツールも大切ではある。しかし、それらは絶対条件ではな
い。なぜなら、自らの生き方として大切な道徳学びをする主人公は、ほかでもない生徒自身だからで
ある。ならば、教師は生徒にその学びのきっかけをもたせ、生徒自身が自分事として学び深めていけ
るような場を生徒と共に創り出していけばよいのである。その原動力となるのは、生徒自身による道
徳的な「問い」である。

　自らの生き方を振り返り、自分事として内省的に学び深めていくためにはどうしても「自分事とし

ての問い」が生徒自身の内面に存在しなくてはならない。道徳科授業づくりは、ここからはじまる。

2 生徒の「問い」から道徳科学習プロセスを構想

　なぜ生徒が「問い」をもつと道徳的価値観形成のための道徳科授業が促進されるのか、その理由は極めてシンプルなことである。

　生徒に限らず、人は誰しも他人事ならいざ知らず、自分事については無関心でいられない。自分に関わることなら本気で考え、本気で悩み、本気でその望ましい最適解を追い求めて課題追求する。本来の道徳科学習とはこのような学びで、誰のためのものでもない生徒が自分自身のために学ぶ場であるべきなのである。そのためには学ぶ必然性、つまり自分事の道徳的問いがなくてはならない。その必然的問い、つまり道徳的課題追求は生徒にとって自らの道徳的価値観形成を促進する手続きそのものなのである。それを可能にするのが、自分事としての課題探求型道徳科授業プロセスである。

　中学校道徳科授業は、僅か50分しかない。教師であれば、生徒にどこまでも拡がりと深まりのある「課題探究学習」をさせたいと願うのは当然のことである。しかし、目の前の生徒一人一人を見据えれば、限られた時間内での等身大の学びとしての「課題探求学習」が実現できたらそれでも素晴らしいことに違いない。そこで、ここでは課題探求型道徳科授業アプローチを構想したいと考える。

　言うまでもなく、道徳科では学習指導要領で示されたように道徳的諸価値についての理解をもとに、自分自身を見つめ、道徳的諸課題を多面的・多角的に考え、それを自身の生き方に収斂していけるような道徳性を培っていくことが目標であり、そのために生徒一人一人にとって大切な道徳的価値観形成を促進していくことが道徳学習の目的となる。ならば、そのような道徳学習を実現するための必然として、自分が日々対峙している道徳的諸課題について自分事として「問い」をもって課題探求できる道徳学習＝「主体的・対話的で深い学び」を実現していかなくてはならない。つまり、生徒一人一人が日々の道徳科授業を通して自ら感得できる「納得解」をもてるような主体的な学び、それを可能にするような学習プロセスを実現していくことが何よりも重要な要件なのである。

　「考え、議論する道徳」の体現と一口に言っても、それを可能にする道徳科学習プロセスは容易ではないように思われがちである。しかし、決してそんなことはない。生徒相互の「語り合い」を大切にすればよいのである。

　語り合いは単なる会話ではなく、一つの結論を見いだすための話合いでもない。ここで言う語り合いとは、「生徒が道徳的課題を他者対話によって語り合うことを通して自分とは異なるものの見方・感じ方・考え方に触れること」である。つまり、それまで当然と思っていた自らの道徳的価値観を問い直すきっかけを生むのである。「あれっ、自分とは違う？」「本当はどうなのだろう？」という自らの価値観を揺さぶる疑問がもう一人の自分と自己内対話するきっかけとなり、再度自らの内で吟味することで新たな価値観として意味付けていくのである（**図1**）。言うまでもなく、自分が感得できた納得解はそのまま自らの道徳的価値観として内面にしっかりと形成されていくのである。

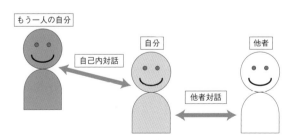

図1　価値形成における他者対話と自己内対話の関係性

　つまり、課題探求型道徳科授業を実現するためには生徒一人一人の問いから出発し、その問いを課題追求するために他者対話と自己内対話を繰り返すことで、個の内面に自分事としての最適解＝納得解を紡いでいけるようにすることなのである。もちろん、その課題追求過程では協同学習を可能にする共通学習課題設定や自らの価値観を確認するために共有す

る望ましさである「共通解」も必要である。

3 生徒が「問い」を主体的に解決するための協同学習プロセス

　生徒自身が自らの道徳的価値観を主体的に創造し、その先に新たな人生を拓いていくために必要な道徳的資質・能力を形成していけるような課題探求型道徳科授業を構想していくためには、そこでの学習プロセスがとても重要となってくる。しかし、中学校現場での授業実態を勘案すると教師が引っ張る授業、生徒が受け身になっている授業が少なからず散見される。この現実を見据え、学習指導要領で標榜しているような「主体的・対話的で深い学び」「考え、議論する道徳」を具現化していくために学校は、教師はどのように意識改革を進めればよいのであろうか。これまでの長きに及ぶ教育改革の動向を踏まえるならその抜本的改革策はただ一つ、生徒を受動的学習者（passive learner）から能動的学習者（active learner）へと位置付けしていくことに尽きる。つまり、協同学習を意図した課題探求型道徳科授業へと授業構想そのものの問い直しをすることが不可欠なのである。

　ここで提唱する課題探求型道徳科授業の前提は、生徒相互による学び合いとしての協同学習（cooperative learning）である。協同学習は、今日喧伝されている協働学習とは一線を画する。いずれもその学びの主体者は生徒たちであるが、そこでの学びの見通しのもち方や学び合いの目的、さらには共有した学びの自己省察的で発展的な活用等をイメージしていくと、最終的に個としての価値観創造（納得解）の獲得を意図する道徳科で目指すのはやはり協同学習による授業づくりなのである。

　協働学習は生徒たちが学びの目的を共有し、その解決に向けて主体的に学び合って最終的に望ましい最適解を導き出すことである。そのためにはグループワーク等で情報共有しつつ、協力したり、分担したりしてその課題解決情報を獲得し、最終的に皆が納得できる知見として合意形成する。それに対し、協同学習とは「学習集団のメンバー全員の成長が互いの喜びであるという目標のもとで学習すること」（日本協同教育学会編『日本の協同学習』ナカニシヤ出版、2019年、12頁）であり、メンバーが全員同時に到達できるような目標を設定して学び合い、高め合い、励まし合える集団での学習形態を意味している。

　そこで目指す学びの力は、「主体的で自律的な学びの構え、確かで幅広い知的獲得、仲間と共に課題解決に向かうことのできる対人技能、さらには、他者を尊重する民主的態度」（杉江修治著『協同学習入門』ナカニシヤ出版、2011年、1頁）がイメージされている。ならば、道徳科授業における生徒の学びは協働学習と協同学習、そのいずれの文脈に寄り添うべきことなのかと考えれば、おのずとその学習プロセスは協同学習であるべき事由が鮮明に見えてこよう。

　道徳科では、道徳的問題に対峙した際に生徒個々がもつ道徳的問いから出発する。そして、その解決に至る道筋において個人学習では堂々巡りに陥ってしまうため、それを回避する方策としてあえて自分とは異なるものの見方・感じ方・考え方をする他者と共に学び合うことを意図するのである。言わば、道徳学習では生徒個々がもつ道徳的問いは個別であり、その解決のために参加する協同学習という集団学びの場で手にした客観的な事実や異なる価値観に照らして皆で導き出した望ましさ、多くの人にとっての望ましさとして共有し合える結果としての共通解が導き出されるのである。

　その共通解に照らしながら、生徒一人一人が最終的に自己内対話を通してこれまで価値観を再吟味・検討することで自らの納得解としての価値観創造に至るのである。言わば、道徳科における生徒の学習プロセスを概観すると、道徳的問題に出合ったときに抱く個別な道徳的問いを踏まえて道徳教材や他者との協同的な語り合い・学び合いをすることで共通解を導き出し、最終的にその共通解に照らして当初の個別な道徳的問いに立ち帰ると、その結論として納得解という新たな道徳的価値観を一人一人の生徒が手にできるのである。ならば、道徳科授業は生徒一人一人が自らの道徳的価値観を問い直し、新たな生き方に反映させていくための集団学習フィルターとしての役割を果たすとも説明付

けられよう。

　道徳科授業では、個々の問いをこのフィルターに通して多面的・多角的な視点から共通解を入手させ、その共通解に照らして個の納得解を導き出して道徳的価値観を更新できることを目指すのである。

4　問いを紡ぎ納得解を導くための課題探求型道徳科授業構想

　道徳科において生徒一人一人が道徳的「問い」をもち、その問いの追求を主体的・創造的に展開できるような授業を構想すめるために教師は一体どのような手続きを踏めばよいのであろうか。その授業改革のための視点としては以下の3点が挙げられ、**図2**のように説明できる。

《生徒の「問い」に基づく課題探求型道徳科授業づくりの視点》
A．道徳的諸課題解決のための課題意識「問い」を明確にもてるようにする。
B．協同学習という論理的思考を経ることで皆が共有し合える共通解を引き出せるようにする。
C．個別な問いの追求というリアルな自分事学びの結果としての納得解をもてるようにする。

　道徳科授業で最重要なのは、生徒自身に道徳的課題意識としての「問い」をもたせることである。そのためには本時主題を明示し、そこから問いを導き出すための道徳的課題（教材や生徒の日常的道徳生活上の問題）を提示しなければならない。次に、その個別な問いの解決には客観的学習情報に触れて論理的思考を展開していくための協同学習の場に導くための共通学習課題の設定が必要である。なぜなら、個別な問いは一人では解決できないからである。よって、互いの問いを摺り合わせ、協同思考するための共通学習課題を設定していくことが大切となる。これをグループ・モデレーション（group moderation）と呼ぶ。つまり、最終的に解決すべきは個の問いであり、その解決に向けた課題追求プロセスとしての協同学習がどう寄与したのかと自己評価するのはほかならぬ生徒自身だからである。生徒は学習者であると同時に自らの学びの評価者でもある。その評価規準の役割を果たすのが共通学習課題であるから、生徒自身が互いの問いを摺り合わせ、了解できるような共通学習課題を設定しなければならないのである。これは、授業を貫く中心テーマ発問を導き出すことでもある。

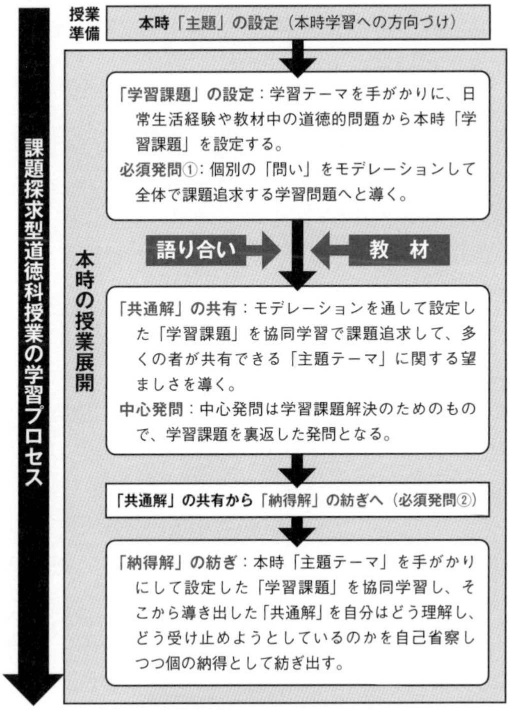

　共通学習課題を設定する場は、既に協同学習そのものである。そして、教材や語り合いを通して発展する課題追求学習の先にあって辿り着くのは、多くの人が共有できる道徳的価値理解としての共通解の導きである。道徳科授業で大切なのは、ここからである。なぜなら、当初の個別な問いの解決が済んでいないからである。

　協同学習で導き出した共通解を自分はどう学習成果として評価し、それを自分事の問いと引き比べて意味付けるのか、この納得解の紡ぎこそが肝である。ならば、課題設定のための必須発問①と共通解から納得解の紡ぎへと導くための必須発問②は不可欠な問いとなろう。

授業準備

本時「主題」の設定（本時学習への方向づけ）

「学習課題」の設定：学習テーマを手がかりに、日常生活経験や教材中の道徳的問題から本時「学習課題」を設定する。
必須発問①：個別の「問い」をモデレーションして全体で課題追求する学習問題へと導く。

語り合い　→　←　教材

本時の授業展開

「共通解」の共有：モデレーションを通して設定した「学習課題」を協同学習で課題追求して、多くの者が共有できる「主題テーマ」に関する望ましさを導く。
中心発問：中心発問は学習課題解決のためのもので、学習課題を裏返した発問となる。

「共通解」の共有から「納得解」の紡ぎへ（必須発問②）

「納得解」の紡ぎ：本時「主題テーマ」を手がかりにして設定した「学習課題」を協同学習し、そこから導き出した「共通解」を自分はどう理解し、どう受け止めようとしているのかを自己省察しつつ個の納得として紡ぎ出す。

課題探求型道徳科授業の学習プロセス

図2　課題探求型道徳科授業における「学習プロセス」

1 道徳科に不可欠とされる道徳教材の意味とその役割

　道徳科授業を展開するためには、道徳教材の活用が必然的なものとなっている。これはかつての戦前における修身科の時代でも、戦後特設された「道徳の時間」においても、そして現在の道徳科においても基本的な考え方は変わっていない。果たして道徳教材の意味や役割は何か、考察したい。

　道徳教育での道徳教材の役割について、『道徳科重要用語事典』（田沼茂紀編著、明治図書出版、2021年、116頁）には、「集団思考を促すには、共通の素材としての教材を、児童生徒の実態に応じて活用することが大切になる。特に、ねらいとする道徳的価値に関わって道徳学習を展開するためには、教材活用が極めて重要なのである」と解説されている。換言すれば、道徳的追体験の共有である。

　ただ、研究校等へお邪魔して不思議に感じるのは、研究協議の論点がともすると道徳科授業の前に道徳教材へ流れているような場面が垣間見られることである。道徳教材は主題のねらいを達成するための手段であり、それをとことん学び尽くすところに目的があるのではない。道徳教材のよさは、短時間で生徒たちに道徳的追体験をさせることが可能で、集団的な道徳学習を可能するところにある。改めて道徳教材の意義や役割を理解し、有効で効果的な活用を模索したいものである。

　では、道徳科教材の善し悪しはどのように判断されるのであろうか。端的に結論付けるなら、よい道徳教材は生徒の内面にある多様な価値観を引き出してくれるものと「道徳の時間」時代より言われ続けてきた。つまり、道徳科授業では道徳教材を介して生徒一人一人に個別な道徳的問いをもたせ、それを集団思考によって突き合わせ、語り合わせることでその問いの背景にある道徳的価値への気付きや道徳的価値に対する自らの自覚的理解を問うていくところに大きな意味があるのである。

　ゆえに、教材中の道徳的問題に浸かりすぎて客観的な思考・判断ができなくなってしまったり、道徳教材に露わに描かれた道徳的価値を鵜呑みにしてしまったりする危険の伴う内容ではその用をなさないのである。道徳教材は生徒が個別にもっている道徳的価値観に楔を打ち込み、再度その価値理解を促進するために吟味・検討する必然的要素を併せもっていなければならないのである。

　このような必然的要素を踏まえつつ道徳教材が本来的に具備すべき諸要件を検討していくと、学習指導要領解説に述べられているような3点に要約されるのである。

a. 生徒の発達の段階に即していて主題のねらい達成に効果的に機能するもの
b. 生徒の心の琴線に触れて深く考えられると同時によりよく生きる喜びや勇気を見いだせるもの
c. 特定の見方や考え方に偏ることなく生徒が多様な受け止め方をすることができるもの

　このように道徳教材が具備すべき諸要件は様々あるが、授業者の力量や生徒の道徳的実態を勘案すると、適切な道徳教材の選定や活用は意外と難しい。特に道徳教材が所収されている検定・採択を経た道徳科教科書である事情もあって、個別的事情による恣意的な変更や差し替えは容易ではない。そんなときに留意したいのは、副教材（伝記や自然・科学・文化・スポーツ等の小話やメディア、新聞記事や生徒作文等）と組み合わせた活用や教材提示方法を工夫してみるのも有効な方法であろう。

　特に、昨今はGIGAスクール構想によって生徒一人に一台のタブレット端末活用が日常化している。これらのICT活用によって副教材提示の工夫が様々可能となっているので、同一の道徳教材活用であっても生徒一人一人に道徳的問いのもたせ方は多様に行えるようになっている。また、それだけでなく、指導方法の工夫についてもICT活用は多様で効率的な授業展開を可能にしてくれる。従前のアナログ的手法で展開していた学習が手早く短時間で展開できるのも、ICT活用の魅力である。もちろん、ICT活用は学習目的とはならず、あくまでも学習促進手段であることを肝に銘じておきたい。

❷ 道徳教材のよさを引き出すための有効活用法

　道徳教材の活用については、「道徳の時間」充実の議論が盛んに行われた昭和40年代前後の時代には教材活用方法を巡って学校種間での齟齬が生じていたり、教材活用方法が固定化されたりして特定傾向教材のみが用いられるような状況も見られた。そんな混乱した時代に資料活用類型（青木孝頼編著『道徳資料の活用類型』明治図書出版、1979年）といった考え方が登場した。その「活用類型」とは、実践教材、葛藤教材、知見教材、感動教材といった教材内容の類型論的な考え方ではなく、同一教材に含まれる「共感」「批判」「範例」「感動」という4視点から授業者が分析的に捉え、その教材活用をどう進めていくか意図していくという発想転換であった。青木の「活用類型論」は今日の道徳科においても大いに援用できるものである。もちろん、道徳科授業型への発想付加での活用である。

《道徳教材の活用類型タイプの考え方》

A．共感的活用類型：教材中人物の考え方や感じ方を生徒一人一人に共感させることによって、現在の自分の価値観に気付かせ、覚醒的に自覚を促すことを意図した活用タイプ。

B．批判的活用類型：教材中の登場人物の行為や考え方を生徒一人一人に批判させ、互いに語り合うことを通して道徳的な考え方や感じ方を深めさせることを意図した活用タイプ。

C．範例的活用類型：教材中の登場人物の道徳的行為を一つの範例として生徒に受け止めさせることを意図した活用タイプ。

D．感動的活用類型：教材内容が生徒に強い感銘を与えるような場合、そこでの感動からねらいとする道徳的価値への把握へ至るようにすることを意図した活用タイプ。

　ここで示した道徳教材の活用類型タイプを視座して道徳科授業構想すると、そこには活用教材として具備すべき要件、学習指導要領に示された「発達の段階に即し、ねらいを達成するにふさわしいもの」「人間尊重の精神にかなうものであって、悩みや葛藤等の心の揺れ、人間関係の理解等の課題も含め、深く考えることができ、人間としてよりよく生きる喜びや勇気を与えられるもの」「多様な見方や考え方のできる事柄を取り扱う場合には、特定の見方や考え方に偏った取扱いがなされていないものであること」といった必須事項が自ずと満たされてくるのである。

　また、教科道徳科時代となった現在では、それら4類型に新たな視点として論理的思考型道徳学習を体現するための見地から「分析的活用類型」「問題解決的活用類型」といった新たな道徳教材活用類型タイプも追加され、多様な視点からの優れた授業が多数実践されていることも補足しておきたい。では、道徳教材の活用類型タイプを念頭に授業構想を進めていくために、効果的な指導展開を進めるための要諦はどこにあるのであろうか。

　まず重要とされるポイントとしては、「道徳教材はあくまでも手段である」と心得るべきことである。道徳学習を展開する生徒たちが自らの道徳的価値観を問い、それを多面的・多角的に拡げ深めていくためにはそれぞれの学習目的をもちながらも協同学習というフィルターを通さないと実現できない。生徒が自分自身について学び、他者から学ぶための、自分磨きの研ぎ草、姿見としての役割を担うのが道徳教材である。よって、教材から授業が構想されるのではなく、主題のねらいを達成する手段として道徳教材を用いるというきわめて当たり前の事実から授業構想することが大切なのである。

　次には、道徳教材を通して自らの道徳的価値観を高めていくプロセスでは、個人の内面で同時進行的に「価値理解」「人間理解」「他者理解」も促進されていくという点である。よって、道徳教材中に描かれた登場人物は一見すると生きている時代や社会、目の前の道徳的現実等が生徒の日常と異なっていたとしてもそこに描かれている人の姿こそ違ってはいても自分と同じように今日を生き、明日をもっとよく生きようと願う一人の人間である。その人間の生き方に共感してこその道徳学習であり、道徳的価値観形成に向けての道徳科授業であることを念頭に授業構想していきたいものである。

道徳科授業における
板書の役割と求められる要件

1 板書は道徳的思考を促し深め統合するキャンバス

　授業において、板書はつきものである。今日のデジタル化社会ではICT機器が高度に発達して昔ながらの黒板一枚と1本のチョークで勝負する授業は次第に主流ではなくなりつつあり、これまで黒板による板書で行われてきた情報提供がICT機器を媒体としたものへ置き換えられたと理解するのも、ある意味で妥当な見解である。この板書事情は、道徳科授業においても同様である。

　そんな背景も考慮しつつ改めて板書とは何かと問われるなら、やはり生徒の学習促進を促す役割と説明できよう。教授学事典『授業研究　重要用語300基礎知識』（深澤広明・恒吉宏典編、明治図書出版、1999年、187頁）には、「板書という教授行為の目的は、子どもの思考を深化させることに尽きる」と明快に述べられている。もう少し言葉を補足するなら、黒板あるいはディスプレイは何も描かれていないキャンバスのようなもので、そこに学びの足跡を描き記していくのは学習者である生徒自身であろう。道徳科授業での板書の役割を端的に述べれば、3点あろうと考える。

A.　生徒に学習の見通しをもたせる。
B.　生徒自身が自らの道徳的価値観を拡げ深められるようにする。
C.　生徒が自らと自己内対話しながら価値あるものを納得して受容する。

　以下、これら3点について補説していきたい。その前提要件は、先の引用を引き合いにするまでもなく、板書は生徒の道徳的思考を拡大深化させるためのものである。目的があるからこそ道徳科授業での板書計画があり、その板書形態がアナログであろうとICT活用によるデジタルによるものであろうと、目指すところは同一であることを忘れて疎かに取り扱ってはいけないということである。

《板書の役割》

　総論的には、陸上種目三段跳びの「ホップ、ステップ、ジャンプ」のイメージが板書計画にも当てはまるように思われる。最初の踏切であるホップは、その先のステップとジャンプをイメージして方向付ける役割を果たす。2歩目のステップは飛距離を伸ばすことよりも山場に向けてバランスを調整しながら最終体勢を整える役割を果たす。そして、最後のジャンプは一連の連続的な活動を背景に思いっ切り跳躍するのである。ならば、生徒の道徳学びを自分事の拡がりと深まりのあるものとしていくために、板書もこのようなセオリーを踏襲する必要があろうと考えるのは自然な発想であろう。

■導入の板書で課題を意識させて本時学習への見通しをもたせる

　これは板書であろうと、デジタル画面であろうと、生徒自身の道徳ノートであろうとも、どんな思考ツールでもかまわないのであるが、生徒が自分の学びを創るとき、突然本時学習の中核に迫っていけるわけではない。本時では自分がどのような課題意識をもって、どうその課題解決に迫っていくことが可能なのだろうかと生徒が学びの見通しをイメージしていけるような板書を工夫したい。

■展開の板書では自己課題解決の前提となる共通解を深める

　板書の山場となるが、ここで大切なのは時間軸、空間軸、対人関係軸、状況軸（木村順著『発達支援実践講座』学苑社、2015年、65〜68頁参照）という4つの座標軸を念頭に置き、それらを足場にしながら生徒の学習ニーズを膨らませていく手続きである。よって、対比的な板書となるよう構造化し、学習者が最適な価値理解として受容し、共有できる共通解を見いだせることが重要な役割となる。

■終末に至る自己課題解決と個の納得解を引き出すために共通解の確認をする

　納得解は生徒個々のプライベートで主体的な価値自覚そのものである。それは板書したり、発表させたりするようなものではない。その納得解を引き出すため、共通解の確認を板書で押さえたい。

2 板書の基本構造を通して理解させる道徳学習手続き

　繰り返しとなろうが、板書の基本構造はどのような形の提示形態であってもその役割が変わるわけではない。黒板やホワイトボード、模造紙等々のアナログ学習ツールであろうと、タブレットやプロジェクターで投影したデジタル学習ツールであろうと、学習者一人一人がそれを解して自らの道徳学びを展開できたら、それで道徳科における板書計画は有効に機能していると評価できるのである。

　「道徳の時間」から「特別の教科　道徳」へ移行転換し、道徳科授業が開始されたころに板書はどうすることが果たして適切なのかといった、笑うに笑えない真顔な議論もあった。つまり、教科書は縦書きだから板書も縦書きにとか、担当教科によっては教師自身が横書きでないと板書しにくいといったような訴えである。板書を巡る教師の疑念、そこで欠落しているのはどんなことであろうか。言うまでもなく、道徳科授業での板書は誰のためのものであるのかという素朴な問いである。生徒が自らを見つめ、自らの道徳的価値観を多面的・多角的に拡げ深めていくために板書はどうあればよいのかと考えるなら、そんな議論は些末なことである。アナログの黒板に頼らずとも、ICT活用によるデジタルディスプレーで構成しても決してタブーではないのである。そんな自由かつ柔軟な視点に立って道徳科授業の板書構想を進めていくと、多様な学びの創出可能性が広がってくるのである。

《道徳科授業における板書構想の工夫》

A. 1時間の授業の流れが一目で分かる板書計画を

　授業とは、時間軸、空間軸、対人関係軸、状況軸という座標軸に沿って時系列的かつ継続的に流れる大河のようなものである。川上から川下へと必然的な方向性をもって授業は展開し、その展開中にはときどき澱みとなるような時間があったり、大きく蛇行しながら激しく波打ったりするような場面もある。生徒は道徳科授業という学習の流れの中で同じように学んでいるように見えても、その様は決して一様ではない。「あれっ、どうして？」「何でそんな考え方をしてしまったのだろう？」等々、自分自身の中では納得できないような場面も体験するであろうし、「こんなことは当たり前」「自分もやはり、同じように考えて行動するだろうな」と教材中の登場人物の道徳的言動に賛同したり、共に語り合っている級友の発言に大いに納得したりするようなことも体験するであろう。そんなときに生徒が自分の受け止め方や考え方がこの授業の中でどう変化したのかと、1時間の学習の流れを俯瞰できるような板書であることが何よりも望ましいのである。

B. 道徳的課題解決に至る諸要件を総合的に判断できる板書計画に

　生徒の主体的な道徳学習は、自らの道徳的問いをもつところから出発する。そうでなければ、生徒は人が創ったお仕着せの道徳など自分事として受け入れないからである。「主体的・対話的で深い学び」とか、「考え、議論する道徳」と安易に口にしがちであるが、道徳学びの主人公はあくまでも生徒であるという前提に立った板書でなかったなら、それは画餅で終わってしまうのである。ならばどうするのかということになるが、そのキーワードは、生徒が道徳学習を拡大深化していくための道筋が板書の中に反映されるようにすることである。つまり、生徒一人一人の道徳的問いを摺り合わせ、調整し合って設定した共通学習課題からはじまって、その課題追求結果として共通解を共有するに至るまでに辿る様々な思考の紆余曲折や葛藤の要因が全て板書計画としてあらかじめ想定され、生徒相互の語り合いの結果として実際の板書に反映されるような構想をしていくことが何よりも重要である。

C. 板書全体を見渡すことで価値を自らの納得解として受容できる板書計画で

　どんなに精魂込めて書き綴った板書であっても、それは授業終了と共に無用なものとなる。しかし、そこに記された言葉の一つ一つは生徒相互が自らの内面を吐露した記録そのものである以上、板書として消し去られてもそこで学んだら道徳的納得解はなくならない。むしろ、しっかりと個の価値観として形成されるのである。ならば、価値受容に至る共通解が印象深く刻まれるような板書で終えたい。

道徳科授業における
学習評価の考え方とその実際

1 道徳科学習評価の基本的な考え方

　道徳科における生徒の「学び評価」は、どのように進めればよいのかという点から述べたい。なぜならば、学習評価と一口に語っても、道徳科と他教科とではその意味合いが大きく異なるからである。つまり、同じ学習評価ではあるが、道徳科と各教科とではその目的的や方法論的な部分で大いに実施形態が異なっているのである。以下、「何のための評価か」といった目的性から述べていきたい。

　学習指導要領道徳科では、「生徒の学習状況や道徳性に係る成長の様子を継続的に把握し、指導に生かすよう努める必要がある」と述べられている。一方、学習指導要領総則では「各教科の目標実現に向けた学習状況を把握する観点から、単元や題材などの内容や時間のまとまりを見通しながら評価の場面や方法を工夫して、学習の過程や成果を評価し、指導の改善や学習意欲の向上を図り、資質・能力の育成に生かすようにすること」と記されている。

　対比的な視点から端的にまとめれば、道徳科では、生徒自身の人格的成長を促すという方向的目標設定に係る方向的学習評価を求めているのであり、他教科では各教科に示された内容目標の実現を目指す内容的目標設定に基づく学習評価を意図しているのである。つまり、あらかじめ設定した評価規準に基づいて目標到達度評価を行うのが各教科の個の学びの成果に基づく絶対評価であるのに対し、道徳科における学びは生徒個人の道徳的実態に基づくスタートフリーな段階からスタートしてゴールフリーな形で学習が終了するのである。それは生徒個々のよりよい生き方や在り方という人格的成長を目指しての学びである以上、目標到達度評価にはならないのである。よって、学習評価といった表現よりも生徒の「学びや成長の姿に係る評価」といった表現のほうが本来的な教育目的志向性としては適切であろうと考えるのである。

　ここまでで理解されるように、道徳科ではその評価特性から「大くくりの文章記述による肯定的個人内評価」でなければならないのである。そのため、他教科と混同されてしまうことがないよう学習評価観点といった呼称ではなく、学習における成果や学び方のよさ、道徳的成長を見取るための「評価視点」といった表現をしている。このような道徳科固有の事情から派生する学習評価について十分に留意しつつ、学び評価主体者である生徒にとってより望ましいものとなるようにしていきたい。

　もう1点、道徳科の評価として押さえておかなければならないのは、教師側の視点としてその道徳科授業を評価するための観点である。これはまさしくその授業での指導がどうであったのかを評価するための教師側の指導観点である。

　例えば、生徒の問いを生むための教材提示はどうであったのかとか、共通解へ導くための中心発問はどうであったのか等々の事柄は指導に係る明確な到達度評価規準であるから、その呼称は「観点」となる。要約すれば、生徒の学びの見取りに必要なのは「視点」であり、教師の指導評価をするための規準は「観点」として示す必要があるのである。この両方から複眼的に生徒の道徳学びを肯定的に評価していきたい。

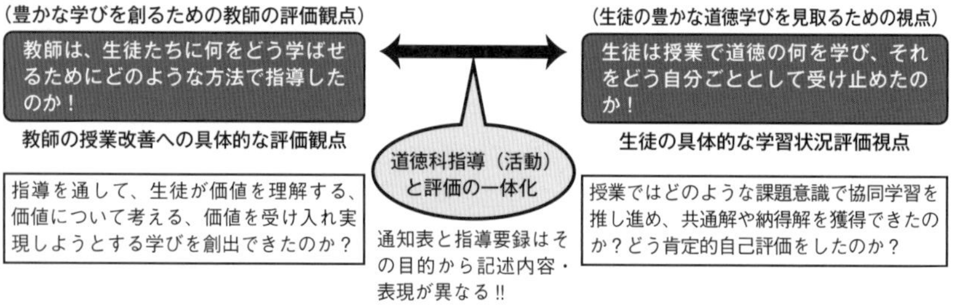

（豊かな学びを創るための教師の評価観点）

教師は、生徒たちに何をどう学ばせるためにどのような方法で指導したのか！

教師の授業改善への具体的な評価観点

指導を通して、生徒が価値を理解する、価値について考える、価値を受け入れ実現しようとする学びを創出できたのか？

道徳科指導（活動）と評価の一体化

通知表と指導要録はその目的から記述内容・表現が異なる!!

（生徒の豊かな道徳学びを見取るための視点）

生徒は授業で道徳の何を学び、それをどう自分ごととして受け止めたのか！

生徒の具体的な学習状況評価視点

授業ではどのような課題意識で協同学習を推し進め、共通解や納得解を獲得できたのか？どう肯定的自己評価をしたのか？

図3　道徳科における評価の視点と観点

2 道徳科学習評価の実践的方法

　道徳科における生徒の学びを見取ると言うのは容易いことであるが、では授業のどんな場面でどんな手法を駆使して学び評価していくのかという具体論になってくると、それは限られた授業中のことであるから難しいことでもある。以下に、具体的な手立てを述べていきたい。

　その前に、どうしても押さえておきたい道徳科授業評価の要諦がある。それは学習指導要領に述べられた道徳科学習評価に関する記述の後半、「ただし、数値などによる評価は行わないものとする」という重要部分である。道徳科授業は個としてのよりよい生き方を希求して展開されるのであるから、そこでの学びは他生徒と引き比べたり、ラベリングしたりするようなことがあってはならないという戒めである。あくまでも道徳科学習評価は個に内包された潜在的な道徳的資質・能力開発となり、個の生き方へ収斂されることにつながらなければ実施する意味がないのである。つまり、道徳科授業評価は生徒一人一人の個別な学び状況や学びの継続発展性による人格的成長プロセスを見取っていくためのものであり、個の学び方のよさ、生き方のよさを認め励ます肯定的な個人内評価となるようあらかじめ授業構想段階で育むべき道徳学習能力（モラルラーニング・スキル）を明らかにしながらどのような学びを実現していこうとするのかという視点を明確に策定する必要があるということである。

　例えば、本時の道徳科授業ではどのような学習場面でどのような道徳的諸能力（道徳的理解力や道徳的課題発見力、実践的問題解決力、思考・判断・表現力、情報活用力、メタ認知力等）を生徒に育みながら展開するのかが明確になっていなければ、その活動の裏返しでもある道徳学び評価ができないという単純な理屈である。つまり、「指導と評価の一体化」という概念の具体的な実現イメージのないところに「主体的・対話的で深い学び」も「考え、議論する道徳」も成立し得ないという単純な事実でもある。こうしたことから、学びの足跡を辿れるような方法的な評価フレームを構想したり、そこでのエビデンス（evidence：学びの成果）とすることが可能な裏付けをポートフォリオしたりして、長期的に集積していかないと容易でないことは言を俟たないことを申し添えておきたい。

　つまり、生徒の道徳学びの状況や道徳的成長の様子は、そう簡単には見取れないということでもある。また、評価するために道徳科授業をするのではないという当然の理屈もある。ならば、個々の道徳学びをどうポートフォリオ評価として継続的に把握し、指導に生かすよう努めるのかという授業者の視点をあらかじめ学習指導案で明確にしてから取り組む必要があろう。

《道徳科学習評価方法論としての評価フレーム》

　この評価フレームの基本的な考え方は、生徒の日常的道徳生活を凝縮したのが道徳科授業であるという理解を前提に個々の学びのよさ、望ましい成長を認め励ますという評価姿勢である。

A．道徳科授業前と授業後を比較してその変容を見取る

　生徒の内面的資質である道徳性はこんな学びをしたらこう変わるとか、こんな感動で心も変容するはずだといったといった単純さを通り越した精神作用である。ならば、全く変容が見られないのかというと、決してそうではない。授業前のアンケートと授業後のワークーシートや道徳ノート記述内容の比較からも見えてくるものがある。ただし評価のためだけの書く活動設定は避けたい。

B．道徳科授業の中での一瞬の輝きを印象評価として見取る

　授業中に生徒がぽつりと漏らしたつぶやき、意を決した一言の発言で一気に学びが深まるよう体験はよく散見されることである。いちばんよいのは授業を録画することであるが、その後の視聴や文字起こしの負担を考えると、そのときどきの印象を付箋で残したり、座席表に記号をあらかじめ決めておいて記録したりする等の方法が現実的である。教師の負担を増やさないことを前提にしたい。

C．道徳科に連なる学校生活や家庭生活でのエピソードからも見取る

　生徒の道徳学びは授業外でも多数ある。何気ない対話中の話題を日常記録として留めていきたい。

1 道徳科におけるカリキュラム・マネジメントの意義

　道徳科における学習評価は、指導者としての教師による評価と生徒一人一人が自らの成長を促進するための自己評価や相互評価がその対象となることは理解の及ぶところであろう。つまり、道徳科における学習評価は教師の側であれば次なる学びへと学習を発展的に継続させるため、生徒の側からすればより自己成長を促進する継続的学習へつながるようにするという明確な目的志向性をもってなされるのである。これらの有意味性のある道徳科学習評価を年間カリキュラムや義務教育カリキュラムといった長期的スパンで捉えていくと、1単位時間では実現しにくい学びの総体としての道徳的資質・能力を生徒に培っていくことが可能となってくる。この意図的な長期的指導方略を他教科等と同様に道徳科カリキュラム・マネジメントとここでは称している。

　このカリキュラム・マネジメントの定義について教育評価関連事典を参照すると、「学習者の教育的成長を目的とし、実態分析や目標設定を行い、組織として適切かつ効果的なカリキュラム開発と授業実践とを効果的・効率的に推進するための理論と方法」（西岡加名恵他編『教育評価重要用語事典』明治図書出版、2021年、145頁）と解説されている。また、小・中学校学習指導要領第1章総則には、以下の3側面からカリキュラム・マネジメントが説明されている。

◎生徒や学校、地域の実態を適切に把握し、教育の目的や目標の実現に必要な教育の内容等を教科等横断的な視点で組み立てていくこと
◎教育課程の実施状況を評価してその改善を図っていくこと
◎教育課程の実施に必要な人的又は物的な体制を確保するとともにその改善を図っていくこと

　上述のような視点から各学校の教育課程に道徳教育を位置付け、それら各教育活動との緊密な連携を保ちながらの道徳科授業カリキュラム構成とそのカリキュラム・マネジメントを求められているのが今日の学校教育課題であることをまず押さえておきたい。それゆえ、学校教育目標を具現化するというトップダウンのベクトルと、毎時間の道徳科授業から指導計画や道徳教育全体計画改革を迫るボトムアップのベクトルとが随所でぶつかり合い、互いに得心できる合意調整点を見いだして改善していくカリキュラム・マネジメントが必要となるのである（**図4**）。

　この合意調整は、異なるカリキュラム評価とその改善視点を摺り合わせ、望ましい方向への合意調整する機能でモデレーション（moderation）と称している。組織として教師が互いにグループ・モデレーションすることで、教育実践に基づく組織的かつ計画的なカリキュラム改善が実現し、結果的に各学校の道徳科教育活動の質的向上が実現していくのである。大切なのは、眼前にいる生徒たちの「今、ここに」を前提とすることである。

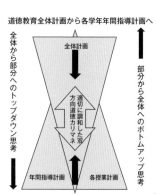

道徳教育全体計画から各学年年間指導計画へ

全体計画

全体から部分へのトップダウン思考
部分から全体へのボトムアップ思考

適切に調和した双方向道徳科カリマネ

年間指導計画　各授業計画

年間指導計画各時間から道徳教育全体計画へ

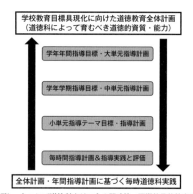

学校教育目標具現化に向けた道徳教育全体計画
（道徳科によって育むべき道徳的資質・能力）

学年年間指導目標・大単元指導計画

学年学期指導目標・中単元指導計画

小単元指導テーマ目標・指導計画

毎時間指導計画&指導実践と評価

全体計画・年間指導計画に基づく毎時道徳科実践

モデレーションで道徳科カリマネの即時性・可塑的柔軟性を確保する

図4　全体と部分の双方向・調和往還的視点（moderation）から道徳科カリマネを構想

2 道徳科カリキュラム・マネジメントの実際

　道徳科授業は年間35時間という制約もあって、１主題１単位時間で実施されることが多い。よって、生徒の実態に基づく教科横断的な視点での入念なカリキュラム構成であったとしても、その主題での実践から得られた改善点は次年度まで生かされないのである。つまり、眼前の生徒に「今、ここに」というカリキュム・マネジメントの恩恵を還元することはできないのである。ならば、「いじめ」「情報モラル」「環境保全」等々、現代社会が包摂する多様な課題でテーマ設定し、複数時間でのユニット（小単元）を組んで生徒に一貫した課題意識をもたせた授業展開方法も可能であろう。

　学級担任中心の授業展開となる小学校に比べ、教師の負担軽減の視点からローテーション道徳を実施している中学校も多いが、生徒の道徳的実態理解もなしに１単位時間で次々と別学級を指導して回る指導効果にはやや不安を覚えるのでないだろうか。ならば、生徒も一貫して課題追求しやすく、教師も生徒との関わり合いを大切にする中で生徒と共にテーマを深め合えるユニットを用いた授業にし、同一時数で組んだユニットを各教師が順番にローテーション指導していくことも可能である。学校行事等が多いからと、できない理由を並べるよりも、どうしたらやれるかを考えたいものである。

　課題テーマに基づく複数時間構成のユニットを用いたカリキュラムの長所は、初回授業実践での改善点を踏まえて次時授業計画を微調整して構想できることである。このようなマネジメントが可能になると、生徒の道徳的実態や教師の指導改善視点も踏まえた「今、ここに」の授業が可能となってくる。カリキュラム・マネジメントではPDCAサイクルの必要性を問われるが、１年かけての当該生徒に還元されないような改善計画は意味をなさないのである。生きて働く目の前の生徒のためのマネジメントをぜひ考えたい（**図5**）。

　このような道徳科カリキュラム構成にしたら、何が変わってくるのであろうか。まずは今、目の前にいる生徒のための授業づくりが強く意識化されるであろうし、教師自身が日々担当する教科指導と同様に連続的な学びの見通しをもたせた授業構成にすることができるのである。誰のための、どんな目的性を有した道徳科授業であるべきなのかを教師が意識することができるなら、「主体的・対話的で深い学び」を実現するユニット構成はさほど困難なことではなくなってくるのである。

　同時に、毎時の道徳科授業実践から年間指導計画や道徳教育全体計画をボトムアップで見直し、次年度改善のための検討機会とその記録保存システムを学校全体の課題として共有しておくことも違和感なくできる学校風土も必要である。その主な機会は学年会といった場になるであろうし、全校的な視点から各学年での課題や具体的な改善点等を集約する役割は道徳教育推進教師が担うことになろう。一教師という点の指導から、教師集団という面での指導への改善を期待したい。

　教科担任制で日々の教育活動が展開される中学校において、道徳科はその指導そのものの不慣れさや指導成果の見取りをすることの難しさからどうしてもお座なりな指導になってしまう傾向にあることは否めない事実である。そんなときに学年協業体制を可能にできるようなユニットを用いたローテーション授業を積極的に導入するなら、道徳科のみならず生徒指導の側面でも得るものは計り知れない。眼前の生徒の道徳的実態を踏まえ、改善しつつの授業実践というのは、学年所属教師それぞれの生徒評価や授業改善に資する認識をモデレーションすることそのものであることを肝に銘じたい。

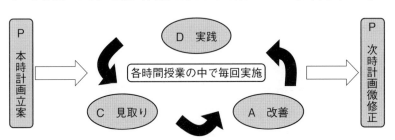

図5　継続的評価に着目する道徳科カリキュラム・マネジメント

3 カリキュラム・マネジメントを可能にする道徳科ユニットのモデル

　学習指導要領第3章「特別の教科　道徳」第3「指導計画の作成と内容の取扱い」1には「各学年段階の内容項目について、相当する各学年において全て取り上げることとする」と明記されている。

　つまり、年間35時間で設定されている道徳科総時数のうち、すでに22時間は取扱いが必須となっているのである。残りの13時間を学校や生徒の道徳的実態に即した重点的な指導、各学年を見通した内容項目間の関連を密にした指導、複数時間による指導が可能となるようなユニットを用いたカリキュラムとして計画できることが大きなポイントである。

　そこには生徒の日常的道徳生活実態を考慮しつつも、学校として、学年として3年間もしくは1年間かけて計画的に変容を促そうとする先見的な指導観が不可欠である。図6は、そんな前提の下に考案された道徳科ユニットのタイプモデルである。

　Type1の重層型ユニットは、同一の内容項目を複数時間にわたって連続して指導するので、生徒にその価値が有する意味を深く追求させることが可能である。この重層型ユニットの実施にあたっては、生徒の道徳的実態把握が的確になされている必要があろうし、同一の内容項目でも用いる教材を工夫することで様々な視点から課題追求することが可能である。

　例えば、「生命の尊さ」を限りあるかけがえのない個の生命という側面で捉えるのか、あるいは、個体としては有限でも子孫へ連綿と引き継がれるその崇高で畏敬に満ちた連続性に着目させてその価値認識を深めていこうとするのか等々、多様で多面的な切り口から道徳的諸価値理解を促進することが重要である。

　また、Type2の連結型ユニットは、道徳的テーマ追求という視点から様々な価値フィルターを通して検討することで、自らの道徳的価値観を拡がりと奥行きのあるものとしていくことが可能となってくる。多様な道徳的価値が複合的に交錯している現代社会では、こんな複眼的思考は不可欠であるし、大切にしていきたい視点である。

　3番目のType3となる複合型ユニットは、連結型ユニットで見られる多様な価値フィルターを通してテーマ追求するだけでなく、他教科等での学びもテーマの中に取り込んでしまうことで広い視点で、より複眼的に課題追求することを意図した複雑化する現代社会対応型の学びユニットである。

　ここまでで既に理解が及ぶかと思われるが、教師が日々取り組んでいる道徳科授業はただ単独で無目的に実践されているのではないということである。学校教育目標具現化の1パートを担い、そこでの成果が他教育活動に波及することで相互連環的に生徒の望ましい人格形成へと寄与するのである。その意味で、学校教育全体で行う道徳教育という取り出し教科として指導する道徳科の連携を大切にしていきたい。

パッケージ型ユニット構成のタイプ類型　♥1ユニットは2〜4時間程度で計画する

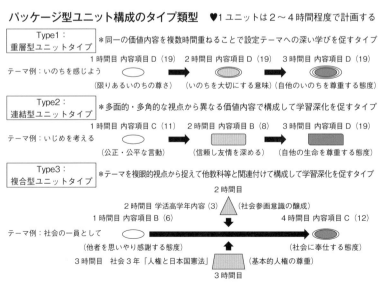

図6　パッケージ型ユニット構成の基本的な考え方

4 道徳科カリキュラム・マネジメント充実促進のための要諦

　堅苦しい表現だが、道徳科年間指導計画のマネジメントも、毎時間の道徳科授業マネジメントも、その根本の部分にはグループ・モデレーション手続きが不可欠なのである。モデレーションの語意は異なる部分を緩和する、調整手続きで比較可能にするといった含意があり、正確に調整するというキャリブレーション（calibration：較正）とは対比的な考え方である。道徳科年間指導計画のマネジメントといってもそれを評価する実践者の事情によって大きく異なるが、学年会等の場で語り合って平準化していくことで次年度への改善点やその手続き的な了解が参加者の相互共有として得られる。

　次に授業マネジメントとしてのモデレーション手続きであるが、その主体者は言うまでもなく道徳学習を自ら促進する生徒たちである。道徳性はいくら教師が教え込もうとしても、当事者が納得しなければ不可能なのである。ならば、何で道徳科授業においてグループ・モデレーションが重要なのか。それは、道徳科授業において協同的な道徳学びを実現していくためにはその必然として共通学習課題の共有がどうしても必要だからである。つまり、モデレーション手続きである。もう少し補足するなら、道徳科授業において生徒一人一人が主体的な自分事の学びを開始するためには、その前提となる個としての道徳的問いをもっていることが必要である。その問いの究明に向けて学び深めていくためには、異なる価値観をもつ他者との語り合いを実現してくれる学習集団が不可欠なのである。

　その異なる価値観を内包する学習集団での語り合い・学び合いにおいては、その内容が散漫にならないようにするために共通学習課題（学習のめあて）設定が不可欠である。それがあってこそ、集団的語り合い学習のプロセスでは多様なものの見方・感じ方・考え方が示され、個としての問いを探求する上で必要な情報を多面的・多角的な視点から生徒一人一人に様々な示唆を与えてくれる。そして、それが結果的にどう自分の学びに影響を及ぼし、そこで何をどのように深める学習にできたのかとそれを自己評価する手がかりになるのである。

　道徳的な学習成果や自己成長実感をモニタリングできるのは、ほかならぬ学習主体者である生徒自身であることを勘案するなら、そのための自己評価規準となる共通学習課題をどう設定するのかは道徳科授業の肝となり、そこでの生徒の道徳科学び創出の要諦となるのである。そんな生徒個々の道徳的問いを摺り合わせ、調整し、互いの納得的共有というグループ・モデレーション手続きを経ていくことは、まさに個として他者と共によりよく生きることを意図する道徳科授業においては、何をさておいても重視しなければならないことである。この生徒個々の主体的な道徳的問題意識としての「問い」を引き出し、その協同学習を可能にするための共通学習課題を設定・共有し合うためのグループ・モデレーションとは、道徳科授業マネジメントそのものでもあるのである。生徒自身の主体的な学びを実現するために欠かせない道徳的問いを生まないような授業、その道徳的問いを解決するために不可欠な多面的・多角的な協同学習の場を創出する共通学習課題設定と共有手続きをもたない授業では、これからの道徳科新時代、令和の日本型道徳科授業の具現化された姿として掲げる個別最適な道徳学びも、生徒が互いに道徳的価値観を拡げ深め合う協同的な学び（集団的合意形成としての協働ではなく個としての納得解を紡ぐための協同学習という観点から）も実現することができないであろう。

　従前の「道徳の時間」でその育成が求められていた道徳的実践力と今日の「特別の教科　道徳」＝道徳科で育みが期待されている道徳性にその本質的な差違はないのであるが、そこで期待される道徳的資質・能力育成を視座したとき、道徳科における内面的資質形成を可能にする授業マネジメントの考え方や進め方を問い直すと、やはり同様の実践視点ではないと考えるのである。つまり、これからの道徳科授業づくりは、しっかりと生徒一人一人を見つめ、教師一人一人が道徳科の特質を踏まえた授業づくりをしていくことが何よりも大切であろうと考える次第である。

　本書で提案する毎時の板書計画と授業展開事例は、未来志向型の道徳科授業づくりの一歩である。

3

第3学年における
道徳科授業の展開

父のひと言

主題　自分の行動に責任をもつ

A(1)自主、自律、自由と責任

本時のねらい

　人間としての誇りをもって生きていくために
は、自ら考え、判断し、実行し、自分の行為の
結果に責任をもつことが求められる。中学生と
もなると、自我に目覚め、自主的に考えて行動
することができるようになる。しかし、周囲を
気にして他人の言動に左右されてしまったり、
自分の行為が周囲の人や自分にどのような結果
をもたらすか考えられないこともある。

　飼育員として勤める主人公は、自分の都合で
仕事を放棄して故郷に帰ってしまう。「おまえ
のカワウソが寂しがっているぞ・・・。」父のひ
と言で、自分の無責任な行動に気付き、責任を
果たすことの大切さを自覚する。ここでは、自
分の行動や言ったことには、誠実に、責任ある
行動をとろうとする態度を養う。

本時の展開 ▷▷▷

```
┌─────┐
│共通解│
└─────┘
◎「私」の生き方にどんな影響を与えただろう
○自分の担当としての責任を果たすことを思い出
　させてくれ、役割を全うすることに気付かせてくれた
○自分の無責任さを謝り、動物のために頑張らなく
　てはいけないという気持ちにさせてくれた
○自分で選んだ仕事に責任をもって取り組むぞとい
　う強い気持ちにさせてくれた。
○自分の仕事のうえでの役割を自覚し、責任を果た
　すことの大切さに気付かせてくれ、自分でもそれを
　実行するようになった。
```

1 学習課題を設定する

必須発問①
・筆者は、どうして故郷に戻ったのだろう。

　ここでは、自分が思いをかけていた試験に不
合格になってしまった筆者の挫折感を共感的に
捉えさせる。自分が本気になって取り組んでい
たことに失敗して、自分の心の傷をいやすため
に現実から逃避したくなる気持ちは、誰にでも
起こりうることであり、彼の行動も多くの生徒
が理解できるに違いない。単に批判で終わらせ
ないよう、現実逃避的な筆者の行動を十分共感
させることがポイントとなる。そのうえで、自
分の飼育係としての責任を放棄してしまった人
間的な弱さに気付かせることが大切である。

2 共通解を導き出す

中心発問
・父のひと言で、どんなことを考えただろう。
・また、「私」の生き方にどんな影響を与えただ
　ろう。

　まず、父のひと言で、筆者が考えたことにつ
いて考え、飼育係としての自分の仕事を思い出
させてくれたことを確認する。カワウソが可哀
そうだということ、無責任さへの気付き、夢を
簡単に諦めるなというメッセージなど、様々な
方向から気付けるようにする。次に、父のひと
言が筆者の生き方に影響を与えていることを、
自分⇒少人数グループ⇒全体で意見交流、発表
することで、自分の考えの足りない視点に気付
けるようにして、多様な共通解を導く。

教材名 「父のひと言」

学習課題

責任を果たすということについて考えよう。

試験に失敗
故郷に戻る
→
・平静に結果を受け止められない
・ショック
・やる気を失う
・目標を失いうろたえる
・大きな挫折感
・この場から逃げ出したい
・もうどうでもいい

父のひと言
「おまえのカワウソが寂しがってるぞ」 →

・無責任だぞ
・動物の信頼を裏切るのか
・カワウソのことはどうするんだ
・信頼を裏切ってはいけない
・人間の一方的な理由で動物を寂しがらせてはいけない
・一度くらいの失敗であきらめるな
・目を覚ませ

動物園飼育員
カワウソ責任　試験挫折
無責任

3 納得解と向き合う

必須発問②
・自分の言動に「責任を果たす」ということについて、自分のこれまではどうだったろう。
・これからに生かせそうなことはなんだろう。

　最後に、本時で学んだことをもとに、自分自身のこれまでの生活とこれからの生き方とを関連させて考える時間を設定する。

　単に、仕事や役割に係る責任について漠然と考えるのではなく、学んだことを自身のこれまでの生活やこれからの生活の具体的な場面と関わりをもって考えさせ、深めさせたい。自分と友達との関係や様々な集団との関係などを想起させ、自分事として考えられるようにする。

よりよい授業へのステップアップ

具体的場面を想起させ、自分事に

　自分の言動に責任をもつことが大切だということは、中学生ともなれば頭では分かっている。そこで、自分の生活場面と関わりをもたせて考えることで、自分の言動は自分にとどまらず、友人や集団の仲間など、自分が生きていくうえで関わりをもつ様々な立場の人間に影響が及ぶことを意識させることができる。人は一人ではなく、集団の中で生きている社会的な存在であることを強く意識させたい。また、共通解は生徒の言葉で板書し、キーワードには線を引き、自己存在感を高める。

三年目の「ごめんね」

主題 誠実な行動とは

A(I)自主、自律、自由と責任

本時のねらい

　小学校6年生の修学旅行で主人公の「私」と同じ部屋になった伊藤さんは周囲になじめず、一人で行動することが多い。修学旅行中に「私」は伊藤さんに声をかけ、一緒に行動し始めたものの、仲良しのみゆきちゃんと気まずくなってしまったことで、伊藤さんに声をかけることをやめた。中学校3年生になり、最後の試合でラケットが使えなくなってしまった「私」にラケットを差し出した伊藤さんに3年前の謝罪をすると、「あのときはうれしかった。ありがとう。」と伊藤さんが返事をした。

　本教材は、友人の目を気にして本当に大切なことをは何かと揺れる「私」の姿から、自分で考え誠実に行動するとはどういうことかを考えることを通して道徳的実践意欲と態度を養う。

教材名

「三年目の「ごめんね」」

学習課題

誠実に行動するとは、どういうことだろう？

Q.誠実とは？

・正直

・嘘をつかない

・正しいことを行う

仲間外れに対してとるべき行動とは？

本時の展開 ▷▷▷

1 学習課題を設定する

必須発問①
帰りのバスの中で、私がなんともいえないもやもやした気持ちになったのはなぜ？

　導入場面で「誠実とは？」と問う。これまでの道徳科の学習から「正直」、「嘘をつかない」といった意見が出ると想定される。

　誠実とは何かを共有した状態で、主人公の「私」が葛藤する場面を取り上げる。伊藤さんに声をかけたことで仲良しのみゆきちゃんが話をしてくれなくなり、「私」は伊藤さんに声をかけることをやめた場面である。「私」がもやもやした気持ちになったのはどうしてかを問うことで、学習課題である「誠実に行動するとはどういうことか」を考えるきっかけにしたい。

2 共通解を導き出す

中心発問
誠実に行動するとは、どういうことだろう？

　「私」が自分で正しいと考え、判断した行動は一人ぼっちの伊藤さんに声をかけて一緒にいることである。しかし、このことが仲良しのみゆきちゃんとの関係を悪くしてしまった。自分は良かれと思ってやったのに良い結果を生まない例である。中学生がこのような場面にあったときに実際に誠実な行動をとれる生徒は少ないであろう。そこで、3年生の生徒に対しては、「なぜ正しい行動だとわかっていてもできないのか」と問い返したい。道徳的価値理解にとどまらず、人間理解に結び付けたい。

私の心の葛藤

・伊藤さんが一人でいるので、
　楽しいとは思えなかった
・伊藤さんに悪いことをしてい
　る気持ちがした
・勇気をもって話しかけてみた
　→「うん、ありがとう。」

↓

みゆきちゃんに伊藤さんといっ
しょに行動することを提案した
　→「う……ん……。」

　　私と伊藤さんを遠ざける
　　みゆきちゃん

↓

・私は伊藤さんを誘うのをやめ
　てしまった

なぜやめてし
まったのかな

Q.私がなんともいえないもやもやし
た気持ちになったのはどうしてだ
ろう。

・自分の行動が正しかったのかどうかわ
　からなくなったから。
・伊藤さんと仲良くしたいのに、みゆき
　ちゃんのことも気になる。
・また伊藤さんが一人で行動している姿
　を見たから。

★誠実に行動するとは？

共通解

・自分で正しいと考えたことを貫き通す
・周りに流されない
・過ちに対して向き合い、謝罪できること
・中途半端にせずに救う

3　納得解と向き合う

必須発問②
「あのときはうれしかった。ありがとう。」と言った
伊藤さんに「私」はどんなことを思っただろう？

　この発問は、中学3年生になった部活引退前
のできごとである。「私」が伊藤さんに声をか
けなくなったことに対する伊藤さんの気持ちが
表れる。実は声をかけられなくなったことより
も、最初に声をかけてくれたことに対して感謝
の気持ちをもっていたことが分かる場面。誠実
に行動することについて、「私」の立場だけで
なく、伊藤さんの立場、そして仲良しのみゆき
ちゃんも含めて再度考え直すことで、それぞれ
の立場の誠実さについて多面的多角的に思考を
巡らせ、納得解を充実させることにつなげたい。

よりよい授業へのステップアップ

誠実の対象は誰か

　今回のように、「自分で正しいと
思ったことで、正論なのだから仲良し
のみゆきちゃんなんか気にしなければ
良い」といった意見が出てくる。しか
し、実際にその立場になったらできる
生徒はそう多くないはずである。頭で
は分かっていてもできないことがある
というのが2の人間理解である。そ
こで、誠実の対象を整理し、「私」が
伊藤さんに対しての誠実、「私」がみ
ゆきちゃんへの誠実、伊藤さんが
「私」への誠実などそれぞれの立場で
考えるとより深い気付きが期待できる。

早朝ドリブル

主題 自分の生活を見つめ直す

A (2)節度、節制

本時のねらい

　主人公の一樹は、中学一年生から続けてきたサッカー部を引退し、気が抜けて目指す進路に向けての勉強や授業に身が入らくなってしまう。そんなとき、後輩である２年生の慎吾から早朝にドリブルの特訓を頼まれる。放課後に校庭で練習の様子をのぞいた一樹は気持ちがわくわくしているのを感じた。そして翌朝に慎吾の特訓を行う中で、ドリブルのポイントは、自分の生活のリズムの大切さでもあると気付く。

　生活のリズムを整えられない一樹が後輩の早朝ドリブルの特訓に付き合ったことで自分の生活を見直すことができた。受験以外のことは何も関係ないというのではなく、いろいろな経験や行いが生活リズムに関わっていることを考えることを通して道徳的意欲と態度を養う。

教材名

「早朝ドリブル」

学習課題

決まりのある生活をしていくために必要なことは何だろう？

Q.主人公一樹の生活面の心配事は何だろう。

・いやなことから逃れたい気持ちから生活リズムがくずれがち
・自分だけ取り残されている
・だんだん自信が薄れていっている
・勉強への切り替えができない
・目標の高校を目指すことができていない

本時の展開 ▷▷▷

1 学習課題を設定する

必須発問①
主人公一樹の生活面の心配事は何だろう。

　学習課題の設定について、問題解決的な授業展開が考えられる。読み手である生徒がこの教材を読んで、一樹には一体どのような問題があるのかを考えることで、本時の学習課題を導いていくという手法である。一樹自身が抱えている問題点として「どんどん低い方向に流されていくような不安を感じた」とあるので、岡君と一樹を比較するとよい。この不安が晴れる要因として、サッカーの練習をのぞいたときに「わくわくしているのを感じた」とあるので、この場面を問い、中心発問につなげたい。

2 共通解を導き出す

中心発問
決まりのある生活をしていくために必要なことは何だろう。

　学習課題から、後輩の早朝ドリブルの特訓に付き合ったときに「生活のリズムをしっかり作って、一日一日を着実につないでいこう」ともう一人の自分が声援を送っている場面に焦点を当てる。この教材には生活リズムが大切だということまでで話は終わっているので、ここでは、自分の生活を見直して、具体的に生活リズムを整えるために必要なことを考えさせたい。

　別の発問として、問題解決的な展開ならば「一樹の生活面の心配事は、どのようにしたら改善できるだろうか」と問うことも考えられる。

夏休みの終わり〜夏祭り

岡君
- ぼくと同じS高校を目指して
　いる
- 夏休みを利用してS高校を訪
　問している
- 自信と意欲にあふれている

↕ 対照的なぼく

ぼく（一樹）
- スタート、目標が同じなのに
　問題集の半分もできていない
- 今の生活を振り返ると落ち着
　かなくなった
- 岡君に対して「勉強しすぎて
　つかれてない？」
- →どんどん低い方向に流され
　ていくような不安を感じた

Q.一樹が気持ちがわくわくしているのを感じたのはなぜだろう。
- かつての生き生きしている自分に
　会えたから
- この姿こそ自分だと思えたから
- サッカーで頑張ってきたことを思
　い出したから

⬇ あるべき姿を思い出した

★決まりのある生活をしていく
ために必要なことは何だろう。

共通解
- 無理のない計画を立てる
- 習慣として定着するように毎日できる
　ことにする。
- 仲間を見習って自分の行動に生かす
- 絶対にやるという強い意志

---

3 納得解と向き合う

必須発問②
一樹が生活リズムを整えられないままだったら、
どうなってしまうだろう。

　中心発問では、無理のない計画を立てると
いった毎日の習慣にするための方策が出てくる
と予想される。これらの共通解をもとに、一樹
の立場を自分事として捉えさせるために「一樹
の生活リズムが整わないままならばどうなって
しまうか」と問う。決まりのある生活を送るこ
とでどのような人生を送ることができるのか、
自分自身にどのような影響があるかなど、多面
的多角的に思考を促したい。別の発問として
「決まりのある生活を送ることはどんな良いこ
とがあるか」と問うことも考えられる。

よりよい授業へのステップアップ

問題解決的な学習展開

　導入で生徒にとって身近な事例や体
験談を引き合いに学習課題を設定する
のはこれまでの道徳でもよく見られる
事例である。1で示した発問「一樹
の心配事は何だろう」は、教材から学
習課題を見つけていくという方法であ
る。そして、2中心発問「一樹の心
配事を解決するにはどうしたら良い
か」につなげていく。さらに納得解に
向き合う3の場面では、「決まりのあ
る生活を送ることはどんな良いことが
あるか」と問うことで、教材から離れ
て価値を一般化していくことができる。

早朝ドリブル
039

スマホに夢中！

主題 自分の生活を見つめ直す

A⑵節度、節制

本時のねらい

　日々の生活で節度を守り節制を心掛けることは、安全で調和のある生活や充実した人生を送る上で欠かせない。しかし、中学生の時期は、自己中心的な考えから価値の優先順位を誤ったり甘い判断をしてしまったりすることがある。

　主人公の奈美恵は、友達とのやりとりを優先しスマートフォンに夢中になる。安全に対する母や弟からの忠告も耳に入らず、欲望を押さえて自分をコントロールすることができずに、駅の階段を踏み外してしまう。

　「自転車 / 歩きスマホ」等に関する意識調査の結果を踏まえ問題意識をもち、奈美恵の行動を通して心身の健康と望ましい生活習慣との関わりについて考え、進んで安全かつ調和のとれた生活をしようとする態度を養う。

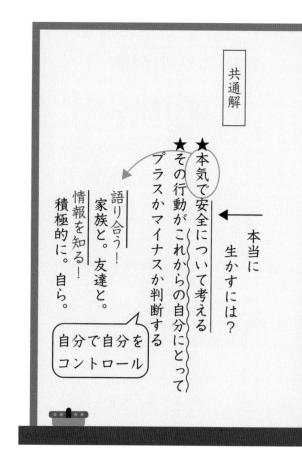

本時の展開 ▷▷▷

1 学習課題を設定する

必須発問①
危険だと知りながら「歩き / 自転車スマホ」をしている人が多い。ここからどんなことを考えるか。

　初めに棒グラフを提示し、人々がこれほど危険と感じているものは何かを問う。「自転車→歩き」のヒントで「スマホ」に気付かせる。次に、危険だと認識しながらも、半数近くの人が歩き / 自転車スマホの経験があることを円グラフで確認する。そこから「なぜそんなことをするのだろう」という疑問を引き出し、意見を交流する（この意見は、2で奈美恵の甘い判断を考えるための伏線となる）。「そういう考え方は安全ではないね」と視点を整理し、本時の学習課題につなげる。

2 共通解を導き出す

中心発問
危ない目に合って後悔する前に、安全・安心な生活を送るために大切にすべきことはなんだろう。

　奈美恵の甘い判断が事故につながったこと、グラフの人々と同じ意識であることを押さえ、「事故の後に考えたことは何か」と問う。彼女の後悔の念を想像し、反省の言葉やこれからの決意が出されるが、ここでもう一押し。

　「では、事故に遭わなければ気付けないのか。危ない目に遭わなくても、ちゃんと生活に生かしていくにはどうしたらよいのか」とさらに問う。共通解を導き出すために、ホワイトボードやタブレットを活用し、小グループで話し合わせた後、全体で意見を交流する。

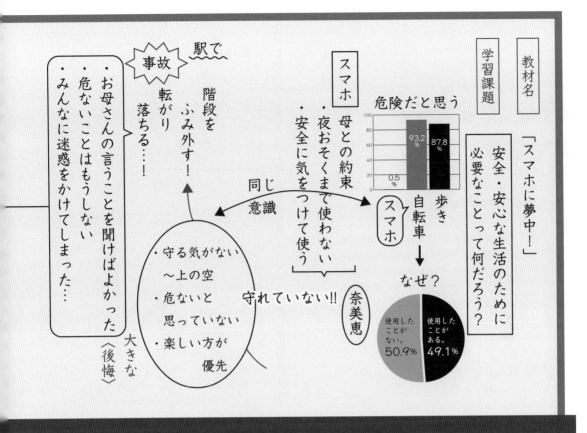

3 納得解と向き合う

必須発問②
自分と奈美恵を比べてみて、気付いたり考えたり
したことをまとめよう。

　終末に、奈美恵と自分自身の考え方や行動を
比較し、自分がどのような意識で生活してきた
のかを考えさせる時間を設定する。
　「スマホ等の使い方はどうか」だけでなく、
「自己中心的な判断をしがちではないか」「自分
自身をコントロールできているか」といった本
時に考えてきた観点や共通解で出されたことに
ついて、自分自身と向き合わせたい。「分かっ
ているけれどできない、やらない」のままでは
だめだということを、自分事として心に落とし
込んでいく時間を十分に取りたい。

よりよい授業へのステップアップ

予定調和を崩す発問で深く切り込む

　2の場面、事故後の気持ちを出させ
て「みんなで気を付けよう」と綺麗に
まとめてしまっては、「危険と思うが
やってしまう」という意識を打破でき
ない。そこで、予定調和を崩す問いを
活用したい。「口ではそう言うが、本
当にその気持ちを生かせるのか?」と
問うことで、具体的にどうするのか、
その行動や意識が自分たちの生活や人
生にどんな影響があるのかを考えさせ
ることができる。深まりある共通解を
導き出すことができれば、続く納得解
も充実させることが期待できる。

教材名　　　　　出典：光村

がんばれ　おまえ

主題 自分自身を知る

A(3)向上心、個性の伸長

本時のねらい

　自分が思い描く自己像は、他者との関係において初めて規定されるものであり、個性とは一人一人がもつ独自性である。中学生の時期は、他者との比較から劣等感を感じたり、他者と異なることへの不安に悩んだりすることがある。

　高校生の主人公は、中学時代の暗い「オレ」とは違う、明るい「おまえ」を演じていた。偽りの自分と本当の自分の間で葛藤する自分。しかし、どちらも自分であることに気付いた。その後の「オレ」を考えさせる教材である。

　本当の自分と偽りの自分の間で葛藤する主人公に自己投影させ、生徒の思いを引き出すことで、自己を見つめ自分の個性を伸ばそうとする心情を育てる。また、偽る理由を考えさせることで、他者の個性を認める寛容な態度を養う。

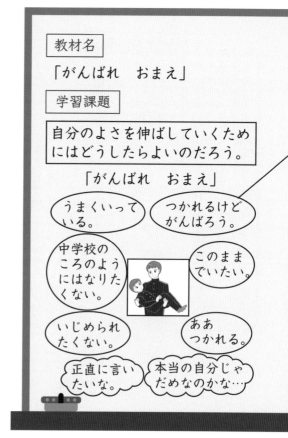

本時の展開 ▷▷▷

1 学習課題を設定する

必須発問①
心の中でつぶやく「がんばれ　おまえ」には、どんな思いが込められていますか。

　導入時に「なりたい自分」について考えさせる。「なりたい自分」と「現実の自分」を重ね合わせることで学習課題を自分事として捉えさせる。その上で「がんばれ　おまえ」に込められた気持ちを考える。さらに、「一人になるとぐったりと疲れきってしまうのはどうしてだろう。」と問い、「おまえを演じる」というオレの決意の背景にある、少年のつらさや願いを話し合う。そして自分を理解し個性を発揮するためには、他者の存在が不可欠で、認め合える寛容な集団作りが必要であることにも気付かせる。

2 共通解を考える

中心発問
「がんばれー。オレたち。」には、どんな思いが込められているのだろう。

　「本当の自分ってどんな自分なんだろう。」と問い、本当の少年について考えさせる。「暗いやつ」と呼ばれていたという言葉に着目させ、自分が思う自分と、他人の目から見た自分にはギャップがあることに気付かせる。「暗いやつ」も「おもしろいやつ」も、どちらも他人の評価であり、どのように見えてもすべて自分であることに気付かせる。オレの自己否定の上におまえが生まれたことを理解させ、共通解を導き出すために「がんばれー。オレたち。」に込められた思いを考え、全体で意見を交流する。

「がんばれー。オレたち。」

どっちも自分だ。

「オレ」には、たくさんの
「おまえ」がいるんだ。

・少しずつ本当の「オレ」
を出していこう。

自分で自分を
否定しては
いけない。

いろいろな「おまえ」
がいて、本当の
「オレ」なんだ。

・「おまえ」は変わってい
いんだ。

共通解

・クラスの人は、「オレ」を
受け入れてくれると思う。

・中学校の時の「おまえ」も今の「おまえ」
も本当の「オレ」なんだ。

・誰にだって「おまえ」と
「オレ」がいるんだ。

3 納得解と向き合う

必須発問②
とても自分思いの少年は、このあとどうするだろ
う。

　「自分の中にはどんな『オレ』や『おまえ』
がいるか。」を考えさせてから、この後少年が
どうするかを話し合う。「とても自分思い」と
いう言葉に着目させ、どうすることが自分思い
なのかも考えさせる。ありのままの自分も、な
りたい自分を目指してがんばる自分も、みんな
自分であるという共通解に基づき、「自分だっ
たらどうするだろう。」と、自分自身に問い掛
ける。関連価値に思いを巡らせる生徒もいると
思われる。どんな考えも肯定的に受け止め、生
徒自身の自己肯定感に繋げていく。

よりよい授業へのステップアップ

複数価値を統合的に扱う発問

　少年の過去に触れ、周りの友達が少
年を受容的、肯定的に受け止めていれ
ば、少年はオレを否定的に感じること
はなかったのではないかという意見も
予想される。個性の伸長と相互理解は
表裏一体であり、集団と個との関わり
を統合的に考えていくことが、現実の
生徒たちの生き方にプラスに作用する
と期待できる。教材後の少年の姿を自
分の姿として捉え、自分の中のオレと
おまえを重ね合わせることで、これか
らの自分を肯定的に受け止めた納得解
へと導くことができると考える。

ぼくにもこんな「よいところ」がある

主題 見方を変えれば

A (3)向上心、個性の伸長

本時のねらい

　人間には、それぞれにその人固有のよさである「個性」がある。その個性をよりよい方向に伸ばし、輝かせていくことで充実した生き方を実現することができる。中学生の時期になると、自己の在り方への関心が高まり、他者と自分を比較して、劣等感を抱いたり、個性を伸ばすことに消極的になったりしてしまう。

　主人公の「ぼく」は、自分自身の「まじめさ」という「個性」に対して自信を失いかけていたが、友人の言葉で自己理解や自己受容を深めていく。

　「自分のよさ」を考える活動や、主人公の姿を通して、自己を見つめ、自己の良さに気付き、個性を伸ばして充実した生き方を追求しようとする意欲を育てる。

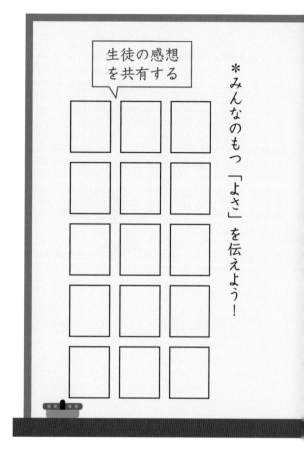

生徒の感想を共有する

＊みんなのもつ「よさ」を伝えよう！

本時の展開 ▷▷▷

1 学習課題を設定する

必須発問①
自分にはどんな「長所」や「短所」があると思うか。自分を見つめ、いくつかを挙げてみよう。

　教材を読む前に、自分自身のことについて考えることで、主人公の「ぼく」と自分を重ねながら読めるようにする。「個性」より具体的に、「長所」「短所」とすることで、考えやすくした。「その長所や短所についてどう感じているの」と教師が生徒に問い掛けたり、生徒同士で考えを交流する時間を取ることで、主人公の「ぼく」の気持ちを理解するとともに、本時の学習課題にもつながる。

2 共通解を導き出す

中心発問
「まじめさ」に苦しんでいた「ぼく」が、「まじめさ」は自分のよさだと気付けたのはなぜか。

　クラスメートが「ぼく」のまじめさを「よさ」として捉えていたことを知り、「ぼく」自身が自分を認めることができたとのだということを押さえる。その後意欲的になった主人公の姿から自分を高めようとしているのも分かる。

　授業では、その後二人組を作り、相手が短所だと思っているところについて、「その短所は、○○という見方ができるね」「～という場面では長所になるね」と肯定的な意見を伝え合う活動を行う。相手を変えながら、同じやり取りを繰り返し、「認めてもらう」体験をする。

教材名　「ぼくにもこんな『よいところ』がある」

学習課題　自分のよさに気付き、伸ばしていくには？

・テレビの「危険」に反応。不安になる
・適当にやるのが許せない
・「まじめ」を受け入れがたい
・クラスメートの欠点にばかり目がいく

「まじめさ」に苦しむ

○自分の「まじめさ」は「よさ」だと気付けたのはなぜか。

共通解
・自分の委員会の活動を評価してくれていたから
・クラスメートが自分のことを見ていてくれたから
・自分の考えとは逆で、まじめさを「よさ」と捉えている人のことを知ったから
・ぼく自身が「まじめさ」を「よさ」と認められたから

---

3 納得解と向き合う

必須発問②
「ぼく」の気持ちの変化や、友達とのやり取りを通して、感じたことや考えたことをまとめよう。

　終末に、授業の初めに考えた自分の「短所」について考え方に変化があるかどうか、考える時間を取る。自分自身の個性を認め、どう成長させていくか考えていくことが、自己の成長にもつながっていくことを感じ取れているとよい。
　教科書の付録のホワイトボードペーパーを利用し、「自分のよいところ」を黒板に貼り出すのもよい。一人一人、自分が感じている自分のよさをお互いに認め合う場にしたい。

よりよい授業へのステップアップ

ペア活動を取り入れる（リフレーミング）

　今回は2人組による活動を取り入れている。実際に言葉でやりとりを行うか、ワークシートを用いてもよい。「消極的」→「慎重に物事を進められる人」などのように、相手の「短所」をポジティブに捉える言葉を贈りたい。
　「消極的で先生に質問ができない」→「まずは問題を自分でしっかり考えることができているってことじゃない」など具体的な場面について話をするのもよい。

高く遠い夢

主題 より高い目標を目指してやり通す

A(4)希望と勇気、克己と強い意志

本時のねらい

　中学校に入学し、学習や部活動など様々な学校生活の場面において常に具体的な目標を立てながら生活している。三年生になり、将来の夢や卒業後の進路など、目標の実現に向けた在り方をこれまで以上に真剣に考え、やり遂げたいという思いが強くなる時期である。

　本時の授業では、三浦雄一郎さんが生涯をかけてエベレスト登頂という目標達成を成し遂げられたのはなぜか考えることを通して、目標達成のために希望と勇気をもち、困難や失敗を乗り越えることが必要であることを実感させ、自分なりの方法でやり遂げようとする態度を育てる。また、それが人生を切り拓く原動力となり、生きることへの希望につながることにも気付かせる。

テーマ：より高い目標を目指して

教材名 「高く遠い夢」

学習課題

より高い目標を目指すのはどうしてなのか。

・できると思えた
・生きがいだった
・自分に負けたくない
・理解できる

本時の展開 ▷▷▷

1 学習課題を設定する

必須発問①
三浦さんが辛い思いをしてまで目標を達成しようとすることについて、どんなことを考えますか。

　導入では「今、目標はありますか。それはどんな目標ですか」と問い、本時の学習への関心をもたせる。教材の内容を十分に理解させるために、範読する前に三浦雄一郎さんについて紹介する。範読後、必須発問①について考えさせる。発言が少ない場合は、感想を自由に発表させたり、目標が達成できなかった自分自身の体験を語らせたりする。「とても高い目標だけど、三浦さんにとっての夢だったので、辛くてもあきらめることはできなかったのだろう」などの意見を取り上げ、中心発問につなげる。

2 共通解を導き出す

中心発問
三浦さんがエベレスト登頂を成し遂げられたのはなぜだろう。

　生徒が自分の経験を振り返りながら、自分事として考えることができるよう、補助発問をしながら展開していく。個人で考えさせた後にグループで語り合いをさせることにより、「あきらめられない夢だったから」「応援してくれた家族や関係者のためにもがんばりたいと思ったから」「登頂を成し遂げた後の達成感を感じたかったから」など、様々な考えにふれさせる。また、目標を達成させた後、三浦さんの生き方や生活がどのように変わったか考えさせることで、学びを広げる。

三浦雄一郎さん
・プロスキーヤー
・2003年エベレスト登頂
　（世界最高年齢）

しんどい
↓
おもしろい
楽しみ

夢に向かってあきらめず努力
応援してくれた家族や友人、自分のため
達成感→充実した人生
　　　　幸せ

三浦さんの実力

共通解

・やり通すこと
・乗り越える努力をする
・あきらめない　チャレンジ
・目標を見直す
・自分の力を知る
　　　自分なりの方法
・達成できなくても
　　　努力したこと◎
　　　努力すること◎

3　納得解を考える

必須発問②
これまでの自分を振りながら、目標を成し遂げる
ために今後どのようにしていきたいか考えてみよう。

　目標を達成できた経験やできなかった経験
を、三浦さんの生き方や考え方と比べながら振
り返らせる。困難を乗り越えて目標を達成でき
た経験やあきらめてしまった経験、これからの
人生において目標を達成させるための自分なり
の方法など、様々な視点からの考えを主体的に
発表させ、全体で共有できるようにする。ま
た、目標を達成させることができなくても、そ
れまで努力したことに誇りをもつことができた
り、力強く生きるための原動力になることに気
付くことができるようにしたい。

よりよい授業へのステップアップ

**自分の体験を振り返りながら自分
事として考えられる補助発問**

　「世界最高齢でのエベレスト登頂」
は、生徒にとってとても高いと感じら
れる目標であると思われる。しかし、
三浦さんが大きな目標を達成させるた
めに、小さな目標を達成させることか
らはじめたという点では、多くの生徒
が体験していることであり、共感がも
てるところである。生徒自身がこれま
での体験を振り返ったり自己評価した
りしながら学習を進めることで、自分
事として考えることができるよう、補
助発問を工夫しながら展開していく。

教材名　　　　　　　　出典：光村

『落葉』―菱田春草

主題 強い意志をもってやり抜く

A⑷希望と勇気、克己と強い意志

本時のねらい

　菱田春草は、新しい日本画を創りだすことに生涯をかけ、1874年当時の日本画に対する考え方を変える大仕事を成し遂げ36歳の若さで亡くなった画家である。

　失敗や困難に直面し、挫折したり諦めたりすることは誰にでもあり、この先もたくさんの困難に直面するはずである。それでも勇気を出して恐れず挑戦していくことは、充実した豊かな生き方につながり、人間としての与えられた命を生きる意味にもつながると考える。

　菱田春草の生き方を通して、彼の努力と挑戦によってもたらされたものを考えることで、失敗や困難の先にあるものを見つけ、自分自身のこれからの生き方を考え、強い意志をもって挑戦しやり抜こうとする態度を養う。

教材名

「『落葉』―菱田春草」

菱田春草　日本画家
新しい日本画を模索
外国に留学
36歳で亡くなる。

Q　自分だったらこの先どうする？
・悲しい
・諦めるかも。

・もう1回やってみる。
・描き続ける。
・やり遂げたい。

本時の展開 ▷▷▷

1 学習課題を設定する

必須発問①
菱田春草は何故ここまでできるのか。

　本教材は生徒の生活にはなじみがないと考えられるので、初めに『菊慈童』とこれまでの日本画を比べて見せ、感想を述べ合い、一気に菱田春草の世界に引き込むようにする。

　教材を読み、苦心の末出来上がった『菊慈童』が全く評価を受けなかったことに関し、もし自分だったら、どんな気持ちになるのか、この先どうするのかを考えさせ、その後、菱田春草のとった行動と比較しどう考えるかを問う。「すごい」という発言の裏にある「何故ここまでできるのか」について意見を交流する。

2 共通解を考える

中心発問
菱田春草の努力と挑戦によってもたらされたものは何か。

　展覧会後も諦めず挑戦する姿、それでも評価されない心の内を捉える。そして、目が見えなくなるかもしれない苦難を乗り越え、ついに多くの人の心を引き付ける『落葉』を完成させた菱田春草の、努力と挑戦がもたらしたものをホワイトボードを活用し、小グループで話し合う。グループごとに発表し全体で意見を交流させながら「自分」「他者」「社会」「文化」の観点に分類し、本時の課題である「失敗や困難の先にあるものは何か」の答えを共通解として見つけていく。

学習課題 | 失敗や困難の先にあるものは何だろう。

Q どうしてここまでできるのか？
　　どんな思いで書き続けているのか？

・自分で決めたことだから。
・新しいものを作りたい。
・日本画を変えたい。
・もっとよいものがあるはず。
・きっと分かってもらえる。
・有名になりたい。

この力（思い）
はどこから
来るのか？

努力しても
かなわない
こともある

Q 努力・挑戦し続けることの
　　よさは何だろう？

・自分のため
・相手の感動や励ましになる。
・社会がよくなる。
・技術などの向上する。
・たとえかなわなくても努力
　し続けることは自分のためになる。

・これまで多くの人の努力や挑戦が
　今の社会をつくってきたんだ！

春草を
どう思う？

Q ついに認められる
　　春草の努力と挑戦がもたらしたものは何？

自分	自信　次の目標　夢の実現
	充実　自分の生きる意味
他者	感動　これからの目標に
	新しい世界　画家になりたい
社会	日本画を世界に
文化	日本画の向上
	文化を次の世代に

共通解

春草の生き方
をどう思う？

小グループへホワイト
ボードを掲示してもよい

※菱田春草《菊慈童》[長野県宝]
明治33年（1900）飯田市美術博物館蔵

3 納得解と向き合う

必須発問②
努力し挑戦し続けやり切ることのよさは何だろう。

　これまでの話合いを通して、失敗や困難の先にあるもの（共通解）を確認し、話合いによって高められた価値理解を基に、「努力や挑戦し続けることのよさ」を全体で意見を交流する。授業前とは違った視点で考えが深まることが期待されるとともに、自分事として考えやすくなる。最後に、本時で考えてきたことと、これまでの自分を照らし合わせながら考え、これからの生き方を、更には2030年に自分たちが創っていく社会を意識しながら自分なりに考え、振り返りシートに記入する。

よりよい授業へのステップアップ

偉人だけが社会を変えるのではない

　偉人を扱う授業では、いかに自分事として感じられるようにするかが大切である。偉人の功績だけに目をとらわれず、自分の中にも小さくても同じ様な力があることに気が付けば、自分事として考えることができるのではないか。
　これまでこのような先人の努力や挑戦が社会や文化の発展を支えてきて今がある。しかし、その中にはかなわなかった夢も無限にあるが、その努力と挑戦も等しく発展を支えてきたことにも目を向け、自分の夢への挑戦が未来の何かを変えることを想像させたい。

教材名　　　　　　出典：光村

鉄腕アトムをつくりたい

主題 真理の探究について考える

A (5)真理の探究、創造

本時のねらい

　人工知能研究者である筆者の松原さんは、四、五歳の頃に「鉄腕アトム」を見て感動し、アトムのようなロボットをつくりたいと夢見た。そして今もその夢を追い続けている。筆者は人工知能を研究する目的を特に人間とは何か、知能とは何かを知りたいという知的好奇心が根底にあるからだと考えている。

　本教材を生かすには、人工知能研究が単に人の役に立つことや便利といった表面的な理由で終わることなく、人間や知能を理解しようとしているという知的欲求について触れながら、物事の真の姿、本質について好奇心をもち、疑問や分からないことにこだわることの意味について考えを深められるようにすることで道徳的実践意欲と態度を養う。

> 教材名
> 「鉄腕アトムをつくりたい」
>
> 学習課題
> 真理を探究するために必要なことは何だろう？
>
> Q.人工知能（AI）と聞いて、何を思い浮かべるか？
> ・iPhoneのSiri
> ・お掃除ロボット
> ・IoT
> ・ペッパーくん
>
> Q.何のために開発されているのだろう？
> ・便利のため
> ・ビジネス
> ・安全性の向上
> ・人ができないことをやる

本時の展開 ▷▷▷

1 学習課題を設定する

必須発問①
人工知能と聞いて、何を思い浮かべるか。人工知能は何のために開発されているか。

　本時で扱う教材のテーマが「人工知能」であることから、まずは身近にある人工知能について知っていることを共有していく。スマートフォンや自動車など多くのものに人工知能が搭載されていることに気付かせる。そこから、人工知能が何のために開発されているのかという疑問を引き出していく。さらに人工知能は「単に私たちの生活を便利なものにしているだけだろうか」という視点から本時の学習課題につなげる。内容項目「真理の探究」から離れないようにして学習活動を進めたい。

2 共通解を導き出す

中心発問
真理を探究するために必要なことは何だろう？

　人工知能の開発理由について共有したことをもとに、筆者は単に便利を求めて人工知能研究をしているのだろうかと問う。人工知能研究の目的を筆者は「人間とは何か、知能とは何かを知りたい」と言っている。この疑問を明らかにするために何が必要になるだろうか。「知的好奇心」と出てくることが予想されるが、筆者の知的好奇心は一体どこから出てくるものなのかをさらに問い返していきたい。筆者にとってアトムとはどのような存在かを確認することも共通解につながるヒントになり得る。

アトムがもつ「人間のような知能」
とは

- ・スマートフォンの音声対話
- ・乗り換え案内のアプリケーション
- ・自動車の自動ブレーキ

→これらは知能の一部の特定の
能力

人間のような知能
＝いろいろなことができる知能

↓

人工知能は何のため？

- ・とても便利な道具になるから
- ・知的好奇心の対象。
- ・人間や知能を理解しようとし
ている。

Q.人工知能は単に私たちの生活を便
利なものにしているだけだろうか？

- ・人間とは何か、知能とは何かを知るた
めのヒントをくれる。
- ・プログラムや体を制限なくつくりかえ
ることで改良できる。
- ・「心とは何か」という問題に向き合え
る。

★疑問を明らかにするには？

↓

共通解

- ・アトムを絶対につくるという強い気持ち
- ・知的欲求を持ち続けること
- ・追究する中で新たな問いを生じさせるこ
と（繰り返す）
- ・常に目標（ゴール）を更新し続けること

3 納得解と向き合う

必須発問②
筆者が人工知能を研究し続けられているのはなぜ
だろうか。

中心発問の中で、「知的好奇心」や「アトム
をつくるために必要な知識や技能を求めるこ
と」「人間とは何か、知能とは何かを知りたい
という欲」といった納得解が予想される。これ
らをもとに、筆者が人工知能研究に向き合い続
けてきた理由について考えさせたい。なぜ知的
好奇心は冷めることなく筆者にあり続けるのか
について、自分自身を向き合わせたい。また、
視点を変えて、筆者の人工知能研究の先に何が
あるのか（ゴールはどこにあるか）について、
時間をかけてじっくりと考えさせたい。

よりよい授業へのステップアップ

生徒の思考をゆさぶる発問

　2の場面で、知的好奇心が真理を
探究するときに必要だと収束してし
まっては共通解は教材に書いてあるこ
とだけにとどまってしまう。

　そこで、「筆者は仮に知的欲求が消
えたら研究はやめてしまうのか」とゆ
さぶりをかけることで、なぜ知的欲求
を持ち続けるのか、仮に知的欲求がな
くならずにここまで研究し続けてきた
のなら、その研究心の源は何なんかと
新たな視点を得ることになる。多面的
多角的に思考を巡らせ、納得解を充実
させることにつなげたい。

埴生の宿

主題 周りの人との関わりについて

B (6) 思いやり、感謝

本時のねらい

　日々の学校生活でクラスメイトや後輩と接する中で、思いやりや感謝の気持ちをもつことは大切である。ただ、相手の置かれた状況によっては、思いやりがおせっかいになってしまったり、逆に気を遣いすぎて傍から見ると無関心に映ってしまったりということがある。

　苑子は、小さい頃のつらい経験から人間関係が築けなくなるが、担任の「ぼく」やクラスメイトの、さりげなくも温かい関わりもあって、少しずつ心を開いていく。

　卒業時のクラスの目指す姿に思いを寄せることで、自分が置かれた状況で、周りの人とどのように関係を構築していったらよいかを多面的・多角的に考える態度を養う。

共通解

・仲間の大切さ、思いやりの心
・思い出、優しさ、思いやり
・一致団結できた思い出・寄り添うことの大切さ
・団結力
・喜びや悲しみを分かち合う大切さ
☆最高のクラスとは？
・支え合うクラス
　⇒ 何事も分かち合える

本時の展開 ▷▷▷

1 学習課題を設定する

必須発問①
「いつまでも記憶に残る最高のクラス」という定義を示す。具体的に何ができるクラスなのか。

　主題である「周りの人との関わり」という広い概念から、より身近な自分たちのクラスが目指す姿を問うことで、現時点での考えを引き出したい。

　そこから「記憶に残る最高のクラス」に意識を焦点化させることで、教材に出てくる苑子に対するクラスメイトの関わりと自分たちのクラスとを比較して考えようとする意識が働くものと考えられる。

2 共通解を導き出す

中心発問
この経験がクラスのみんなに残したものは何だろうか。

　苑子のために「埴生の宿」を歌い続けてきたクラスメイトの様子を踏まえ、「結果よりも苑子といっしょに歌うことを選んだ理由」を問う。クラスメイトの苑子への関わりから充実感や結果を越える価値についての考えが出されるが、ここでさらに踏み込む。

　「結果よりも苑子といっしょに歌うことを選択した経験がクラスのみんなに何を残したのか」とひと押しする。共通解を導き出すために、ホワイトボードを活用し、小グループで話合わせた後、全体で意見交換する。

テーマ「周りの人との関わりについて考える」

教材名「埴生の宿」

苑子	ぼく（担任）
・小学校4年生でつらい事件に巻き込まれる。 ・その時の恐怖が、言葉や感情、すべての成長を奪う。 ↓いつも下を向き、どんなことにも言葉では反応しない。	・ひょんなことから、「苑子を助けるには歌しかない」と決意。 ・放課後苑子を残し、教室で「埴生の宿」を歌い始める。

学習課題

あなたにとって、『いつまでも記憶に残る最高のクラス』とは、どんなクラスですか」

パワーポイントで投影するなど、あらすじを示すことでねらいに迫る時間をつくれる

・何かしらの印象深いことをするクラス
・雰囲気がいいクラス
☆〈結果〉苑子といっしょに歌うこと

なぜ？

・苑子といっしょに歌うことが一番よい結果
・苑子に少しでも自分たちの気持ちを伝えたかった
☆この経験がクラスのみんなに残したものとは？

3 納得解と向き合う

必須発問②
あなたにとって「いつまでも記憶に残る最高のクラス」とはどんなクラスか。理由も書きなさい。

　終末に、冒頭の必須発問①と同じ発問をし、さらにそう考える根拠を問うことで、苑子とクラスメイトとの関わりがどのように自分とつながっているか考えさせる時間を設定する。

　「仲よくする」や「思いやりの気持ちをもつ」だけでなく、「目に見えないが大切な何か」や「本当の思いやりとは何か」について深く考えさせるとともに、表面的な「思いやり」ではだめだということを、自分事として心に落とし込んでいく時間を十分に確保することで自分自身と向き合わせたい。

よりよい授業へのステップアップ

パワーポイントで教材理解を助ける

　パワーポイントを使って、前もって授業の流れに沿ってスライドを作成しておくことで、テーマや発問をワンクリックで提示でき、生徒はすぐに写すことが可能となる。簡易スクリーンを貼っておけば、背景が明るく文字のフォントも大きいため、生徒が見やすいというメリットもある。

　また、教師の朗読後、横軸に登場人物別、縦軸に場面別・時系列にした表を作成することで、一見して教材のポイントをおさらいすることができる。

教材名　　　　　　　　出典：光村
背番号10

主題　**思いやりと感謝**

B(6)思いやり、感謝

本時のねらい

　この教材では、怪我で練習もできなくなった僕に対する周りの人々の思いやりへの感謝を考える授業実践も多いが、キャプテンの僕とチームの仲間との関係の変化を思いやりと感謝で考えていく授業もできる。怪我をする前と後で僕のキャプテンとしての姿勢がどう変わったか、僕と仲間の関係はどう変わっていったかを学習指導要領解説の『『思いやりの心』は、自分が他者に能動的に接するときに必要な心の在り方である。他者の立場を尊重しながら、親切にし、いたわり、励ます生き方として現れる。』という内容から考えていくことができる。

　主題に込められてた「自分も他者も、共にかけがえのない存在である」ということに授業で生徒が気付き自覚していけるような展開をしたい。

教材名
「背番号10」

学習課題

骨折をした後、キャプテンと変わっただろう、そこにはどがあるのだろう？

・整備や準備をする
　皆が練習しやすいように練習を効にできるよう
・言葉を掛け続けた
　やる気や集中力を高められる
　声じゃなく言葉で一人一人の心へ
・ノートに書き留めたことを伝える
　一人一人が上手になるように全員ば強いチームになっていく
・大きな声で励ます
　仲間が自分からやる気になるよう

キャプテンとしてチームメーなれるように支えることをし

本時の展開 ▷▷▷

1 学習課題を設定する

必須発問①
骨折をした後、キャプテンとしてどう変わっただろう、そこにはどんな思いがあるのだろう。

　学校生活で相手の非をとがめたり、厳しく注意してうまくいかない経験をもつ中学生も多い。父に一喝され夜にいろいろなことを考え行動を変えた僕の姿を、自分事として見つめ考えていくことができる。ほかの者がやるべき整備や準備をするとき、練習中に仲間にどんな声を掛け続けたのか、ノートに書きつけたことをどんな思いで伝えたのか、なぜ大きな声で励ましたのか。仲間が僕に相談し、チームに明るさと元気が戻って結束が固くなったのはなぜか。僕と仲間の思いを生徒自身の言葉で語らせたい。

2 共通解を考える

中心発問
仲間の拍手を受け、もう一度深々と頭を下げながら僕はどんなことを考え思っていたのだろう。

　背番号10をもらいベンチに入れる「ありがとう」や「頑張る」の感謝は一度目の礼でしている。もう一度深々と頭を下げる僕には、「ありがとう」や「頑張る」の中にある様々な思いがあるはずである。仲間の様々な思いやりへの感謝はもちろん、そこに至る僕自身の姿を見つめたり、他の人の支えへの感謝があるかもしれない。生徒が気付いたり考えたことを受け止め、必須発問で考えた僕や仲間の思いやりも活かして、多面的・多角的に思いやりと感謝についての考えを深めていけるようにしたい。

仲間の拍手を受け、もう一度深々と
頭を下げながら僕はどんなことを
考え思っていたのだろう？

してどう ん な思い	深々と礼をしている 写真やイラスト

・プレーはできないけど必要な選手
　として皆から認めてもらえている
・みんなと一緒に地区ブロック大会を目指すことができる
・自分が選ばれたせいでベンチに入れなかった仲間がいる
　申しわけない
・野球をやめないでよかった
・キャプテンを途中で放り出さないでかった
・だめなキャプテンだったけど、やっとチームに認めても
　らえた
・地区ブロック大会まで今まで以上にチームのためにがん
　ばります
・いろいろな人に支えてもらって自分を変えていくことが
　できた

率よく安全

届ける

うまくなれ

にさせる

トが強く
ていく

共通解

相手を思いやる心のつながり、思いやりに気付き
感謝できる関係がお互いを強くしていける

---

3 納得解と向き合う

必須発問②
スポーツ選手やいろいろな人が、周りの人への感
謝の言葉を話すのはなぜだろう。

　教材を離れ、日常で見聞きするスポーツ選手
やいろいろな人が話す感謝の言葉を思い浮かべ
ながら、生徒とさらに考えを深めていきたい。
これらの人々は、自分の力を充分発揮できるよ
う支えてくれている人たちの思いやりが様々に
あることに感謝しながら、自己を高める日々の
練習や努力ができたこと。本番でも様々な支え
や応援があって持っている力を精一杯発揮でき
たことについて、日頃から意識し、感謝する生
き方をしていることに気付かせていきたい。

よりよい授業へのステップアップ

主題の意味を考える

　思いやりは自分と他者の双方向の人
間関係であり、そこにある思いは様々
あること。小学校から学んできた見え
る思いやりから、中学校では見えにく
い思いやりにも気付けるようになり、
それらに感謝していける心をもち、能
動的に他者を様々な思いやりで支えて
いきたいという心も育んできている。
生徒と一緒に、相手を思いやるどんな
心がそこには込められているのかを多
面的・多角的に見つめ考え、その思い
やりに気付いた者がどんな思いで感謝
しているのかも考えていきたい。

教材名	出典：日文

出迎え三歩、見送り七歩

主題 おもてなしの心

B (7)礼儀

本時のねらい

『学習指導要領解説』によれば、礼儀は他者に対するものであり、身に付けておくべき外に表す形である。言葉遣いや態度、動作として表現され、社会生活で守るべき行動様式である。よって、礼儀の理解とともに、時と場に応じた適切な言動がとれるよう、社会で生きていく人間として、主体的に実践することが求められる。

中学生の時期は、挨拶等の礼儀は、習慣として無意識に実践していて、形が優先されていることも多い。本来、礼儀の基本は、相手の人格を認め、相手に対して敬愛する気持ちを具体的に示すことにある。ここでは、礼儀は心と形が溶け合ったものであることを理解し、相手に対して敬愛する気持ちを態度で示そうとする実践意欲を高めることをねらいとする。

```
教材名
「出迎え三歩、見送り七歩」

学習課題
おもてなしの心について
考えよう

おもてなし

ごちそうする        お茶を出す
接待して案内する    何か物をあげる
感謝を伝える

玄関でお客様を迎える

出迎え              見送り

・挨拶ーいらっ       ・挨拶ーお気をつ
 しゃいませ、         けて、おおきに
 ようこそいら         ／ありがとうさ
 っしゃいまし         ようなら　また
 た、どうぞお         いらしてくださ
 あがりください       い
・スリッパを出す     玄関の外まで見
・履物をそろえる     送る
```

本時の展開 ▷▷▷

1 学習課題を設定する

必須発問①
おもてなしというと、どんなことを思い浮かべるか考え、実際に、おもてなしを体験してみよう。

丁寧にあいさつして迎えたり、案内をしてあげたり、ご馳走をふるまったりするなど、丁重な対応や態度が予想される。授業の方向付けのための導入の発問なので、時間をかけずにテンポよく発表させる。続けて、家の玄関でお客様を出迎えるとき、見送るとき、どのようにすればよいかをグループで考え、代表の班にみんなの前で演技してもらう。出迎える・出迎えられる、見送る・見送られる、演技を見ていた側のそれぞれの立場で感想を発表し合い共有する。

2 共通解を考える

中心発問
山折さんが「もてなしの極意」と感じたこと、また、おもてなしで大切な心構えについて考えよう。

もてなしの極意として、奥ゆかしさ、気遣いという文中の言葉を拾って発表することが予想される。二つの抽象的な言葉を、さらに自分の言葉で置き換えさせる。生徒の感じ方を大切にし、具体的な言葉を出させたい。

「極意」を具体的にしたうえで、「おもてなし」の態度や振る舞いの裏側にある心構えについて考えさせ、相手を意識した行為であることを強く意識させ、相手への敬意や思いやり、心を込めた行為であることに気付かせる。

```
┌─────────────────────────────────┐
│ 歓迎してもらっている感じがする      │        ┌──────────────┐
│ 迎えてもらって気持ちがいい         │        │ 共通解         │
│ 迎えも見送りも笑顔で気持ちがいい    │        └──────────────┘
│                                  │        ┌────────────────────────────┐
│  ╭──────────╮                   │        │ おもてなしで大切な心構え        │
│  │もてなしの極意│                   │        └────────────────────────────┘
│  ╰──────────╯                   │        ┌────────────────────────────┐
│                                  │        │ 心を込める　真心を込める        │
│  ┌─────────────────────┐        │        │ あたたかいまなざし             │
│  │ 気づかい              │        │        │ 笑顔でふるまう                │
│  │ あたたかいまなざし      │        │        │ 相手のことを敬う　リスペクト     │
│  │                     │        │        │ 丁寧なお辞儀                 │
│  │        ▼  自分の言葉で │        │        │ 丁寧な言葉遣い　敬語           │
│  │                     │        │        │ 礼儀正しさ                  │
│  │ 深い心遣い　心配り　気配り│        │        │ 見返りを求めない             │
│  │ 品がある             │        │        │ 無償の行為                  │
│  │ 謙虚さ               │        │        │ 相手が喜ぶ、自分もいい気持ち     │
│  │ 控えめで落ち着いたふるまい│        │        └────────────────────────────┘
│  │ 優しさ、思いやる気持ち   │        │     納得解 ◀── 新しい気付きは？
│  └─────────────────────┘        │
└─────────────────────────────────┘
```

3 納得解と向き合う

必須発問②
自分が考えていた「おもてなし」と比べてみて、
気付いたり考えたりしたことをまとめよう。

本時の展開１で自分や自分たちのグループで考えたことと共通解を比べてみて、自分の新しい気付きを自覚させる。

表面に表れる態度面だけでなく、共通解でみんなで考えた「敬意を払う」「思いやる」「相手のことを考える」などの観点について、自分のこれまで、これからの生活と関わらせながら、自分自身と向き合わせたい。まとめる時間を十分に取り、できれば数名を意図的に指名し、発表させたい。

よりよい授業へのステップアップ

同じ体験を共有して授業を始める

考えたことを一緒に体験し、ここでの感想、気付きを整理し、全体で共有することが大切である。体験を知的にとどめるためには、必ず振り返りが大事になる。ここでは、クラス全体で共通体験してから授業をスタートする。そのうえで、「出迎え三歩、見送り七歩」を読んで、比べることで自分に足りなかったおもてなしの観点に気付くことが本時の学びになる。授業の始めと最後で自分自身が変容することが、一時間という授業時間での最も小さな単位での自己評価にもなる。

私がピンク色のキャップをかぶるわけ

主題 友とは、どんな存在だろう

B⑻友情、信頼

本時のねらい

　生徒に聞くと、「ライバル」は負けたくない相手。「友達」は一緒にいて楽しい人、お互い信頼し、助け合える存在などの答えが多い。

　この教材で、「一言も言葉を交わしたことがなくても友なのか」「ライバルや同志は友と言えるのか」「水泳を辞めたMが夢を託し、引き受けた私。二人はその後会いもしないのに、ライバルであり、同志であり、大切な友であると言えるのか」と生徒は自分の体験や価値観を総動員して友情について考えることになる。

　私がピンク色のキャップをかぶることからも、自分の未来をMというライバルの存在と共に変えていこうとしていること、そこには、変わらない信頼と敬愛が続いていることに気付くことができるであろう。

教材名

「私がピンク色のキャップをかぶるわけ」

学習課題

競技をした5年間、私とMは「ライバルであり、同志であり、大切な友」だった？

ライバル
　Mも私も相手に勝とうと全力を出す
　お互いに試合で相手に負けない

同志
　お互い全国大会出場を目指している

大切な友
　話をしなくてもお互いにライバルとして相手を認めていた

　対戦相手だと言葉も交わさないが味方ならよい友達になっていると思う

　きっかけがあったら友達になれるという思いをお互いに感じていた

　言葉も交わさないし、仲良くもしていない関係は<u>大切な友</u>とはいえない

本時の展開 ▷▷▷

1 学習課題を設定する

必須発問①
競技をした5年間、私とMは「ライバルであり、同志であり、大切な友」だったといえるか。

　導入で、生徒の友達やライバルに対する考えを確かめたい。必須発問は、自我関与しながら「友であった」と考えることへの共感的な意見が多くなるであろう。それぞれの考えの理由を丁寧に聞きながら、同じ夢をもち競い合う関係においても友情が成り立つこと、親しい関係がなくても相手に敬意と信頼をもつことで友情が成り立つこと等々について、生徒の考えを深めていきたい。生徒の体験や実態によっては、オリンピック等におけるライバルと友情についての資料を提示しながら展開してもよい。

2 共通解を考える

中心発問
夢を託し、託されたMと私は「ライバルであり、同志であり、大切な友」といえるだろうか。

　「私がピンク色のキャップをかぶるわけ」に通じる問いである。詳しく書かれていない部分を考える発問であるが、生徒は自分事として、必須発問①で考えたことも生かしながら、真の友情の基盤となるものについて考えていくことになる。生徒の考えの「いえる」「いえない」の理由を受け止めながら、必要な問い返しをして、話合いの中で多面的・多角的に見つめさせ、考え合い、自分の考えをよりよい言葉で表現できるよう展開したい。真の友情を成り立たせるものについて考えさせていきたい。

夢を託し、託された後のMと私は「ライバルであり、同志であり、大切な友」といえるだろうか？

	《いえる》	《いえない》
ライバル	私はMを意識して練習や試合をしている ←ピンクのキャップ 実際に戦うライバルでなくても、心の中ではライバルを意識して自分が努力し、頑張ろうとする関係でいられる	Mは私と水泳で戦えないから
同志	私が全国大会を目指しているのをMも一緒に応援しながら自分の夢を追っているから	一緒に競技もしていないし、私の記録を見るだけなら同志とはいえないのではないか
大切な友	会わなくても、話さなくてもお互いの心の中に大切な友として存在している	全く合わないし、手紙のやり取りもしないのに大切な友のままでいられるのだろうか
共通解	Mは私と一緒に水泳の夢を追いかけていくことができている	Mは私の大切な友として何ができているのであろうか

友はお互いの ⇔ 心がつながり信頼し合っている。相手を認め、思う気持ちが続いている。自分の生き方を高め合う関係が続いている。

3 納得解と向き合う

必須発問②
生涯の友といえる関係をつくっていくためには、どんなことを大切したらよいだろう。

同じ学校や共に活動する仲間、多くの時間を一緒に過ごす仲のよい人を友と考える中学生が多い。教材から離れ、自分の真の友を生涯の友として考えるとき、相互の心のつながりや信頼、敬愛が続く人間関係が本質としてあることを気付いていくことができる。生徒の実態によっては、親の単身赴任や離れて暮らす兄弟、祖父母や親戚との心のつながりを補助線にして考えていくこともできる。卒業後それぞれの進路を新たに進もうとする3年生にとって、改めて友情について深く考えるよい時間となる。

よりよい授業へのステップアップ

教師は主題の意味を考える

中学生は友情を考えるとき、自分側の視点で見つめ考えることが多い。この教材を通して、自分と相手で、お互いのよりよい友情をつくりあげていくこと。そこには、お互いの信頼と敬愛の心が通いあっていることに気付き、それらの様々な思いや考えを自分自身の言葉で表現しようとすることが道徳の時間では大切なことである。教師も生徒と一緒になって、他の人の考えも聞きながら多面的・多角的にいろいろな友情を見つめ、友情と信頼について考えていく授業を展開していきたい。

教材名　　　　　　　出典：日文

ゴリラのまねをした彼女を好きになった

主題　人を好きになることとは

B (8)友情、信頼

本時のねらい

　人を好きになるということは、一方的に愛情をもつことだけではない。相手に対する理解を深め、信頼と敬愛の念を育み、互いを向上させる関係を築くことが大切である。

　中学2年の「僕」は、職場体験で保育園を訪れる。泣く子供をゴリラのまねをしてあやした小林さんに驚くが、強く意識するようになる。後日、そのことをからかう友人に対し、思わず「（小林は）輝いていた」と口走る。成人式で再会した彼女から「あの言葉は宝物」という感謝の言葉と変顔のプリントシールをもらう。

　男女の敬愛に焦点を当てた教材ではあるが、多様性に配慮しながら、また、友情とも関連付けながら、「人としての敬愛」という広い視点を大切にして授業を構築したい。

教材名

「ゴリラのまねをした彼女を
好きになった」

学習課題

「人を好きになる」って
どういうことだろう？

アンケート結果

この人素敵だな、と思うのは
どんなとき？

本時の展開　▷▷▷

1　学習課題を設定する

必須発問①
「この人、素敵だなぁ」と思うのはどんなときか。また、他の意見を見てどう思うか。

　事前に簡単なアンケートを取り、集計しておく。タブレット等を活用し、その場で集計・提示してもよい。導入で結果を発表しながら、他の人の意見をどう思うか、意見を交流する。

　基本的には「異性理解」を軸として考えさせるが、同性であっても、また、それを超えた「人として」という視点からも、相手のよさを感じる瞬間や場面について考えさせる。自分が普段、どのような判断基準で人を見ているのかを改めて見つめ直すきっかけとさせ、本時の学習課題につなげる。

2　共通解を導き出す

中心発問
僕が小林さんに感じた「輝き」とは、どのようなものだろう。

　友人たちの小林さんへのからかいに、黙っていられなかった「僕」の気持ちを踏まえて、彼女のどんなところが輝いていると思ったのかを考えさせる。具体的な彼女のよさ（行動や考え方）を確認したあと、そんな彼女を「僕」がどう思ったのかも話し合わせる。そこには、「好き」につながる尊敬や憧れ、新しい発見の驚きなどがあることを押さえさせたい。

　その上で、「人を好きになる」とはどういうことなのか、大切にしたい視点を改めて整理していく。

・尊敬　　　・憧れ
・カッコイイ！
・自分にはないもの

あのとき、輝いていたと思う！

・一生懸命だ
・人の目を気にしない
　→誠実だ
　→子供のことだけ考え
　　ている
・普段とのギャップ
　→意外な一面を発見！

意識して
しまう…！

| 共通解 | 「人を好きになる」 |

◎その人のよさを見つけること
◎まるごと認める・・・素直に
◎相手を大切にする気持ち

・自分の良さを見てくれた！
・内面を認めてくれた
・自分に自信がもてた

宝物

3 納得解を考える

必須発問②
自分が人を好きになるとき、大事にしたい、また、大事にされたいのはどんなことだろう。

　ここまで全体で考えてきたが、やはり「好き」という感情は非常に個人的なものであり、自分と向き合う時間も大切にしたい。

　本時の学びを踏まえて、自分が人を好きになるときに、大事にしていきたいことは何かを振り返りとしてまとめさせる。また、視点を変えて、自分が他人からどんなところを大事にされたいかも考えさせることで、さらに深く自分の心と対話させたい。

　振り返りの発表はさせず、最後に教師の経験等、適切な説話をしてまとめとする。

よりよい授業へのステップアップ

「今でも」輝く彼女に注目させる

　2の場面で考えさせる「輝き」は中学生時代のことだが、成人式で再会した小林さんが「今でも輝いていた」ことにも注目させると、より深い理解につながるだろう。「僕」が彼女のよさを友人の前で口にしたことが、彼女の成長とますますの輝きを後押ししたと思われるからだ。「僕」と小林さんの間に恋愛関係は生まれなかったが、相手を敬愛し成長を願う気持ちは、お互いの人生に爽やかな影響をもたらした。そんな風に高め合える関係をつくっていってほしいと願う。

どうして？

主題 個性や立場を尊重しよう

B (9)相互理解、寛容

本時のねらい

　中学生の時期は、自分の考えや意見に固執したり、逆に他者と異なることに不安を感じて過剰に同調してしまったりする傾向がある。互いの個性や立場を尊重し、広い視野に立って物事を見る寛容さと謙虚さが必要になってくる。

　主人公の裕美は俳句大会に参加した。しかし、裕美の自信作は落選し、同級生の村上君の作品が特選に選ばれた。納得できない裕美は不満を口にした。しかし、村上君の言葉や選者の評に触れ、考えを改めるという教材である。

　部活動などで負けてしまった経験を想起させ主人公の悔しさに共感させる。その後の主人公の言動については生徒の立場が分かれることが予想される。それぞれの立場で意見を出し合い話し合うことで、価値を深めていく。

笑顔を返せたのはどうして？

・村上君の句のよさが分かった。
・勝ち負けにこだわってはいけない。
・村上君は、わたしの句のよさを認めてくれていた。
・お互いにいい句を作ればいいんだ。
・わたしの他の人のよさを認められるようになろう。

共通解
・村上君のように心の広い人になろう。
・お互いのよさを認め合うことが大切。

本時の展開 ▷▷▷

1 学習課題を設定する

必須発問①
村上君の入選を受け入れられない裕美をどう思うか。

　自分の考えに固執し、相手を否定しようとする主人公の姿を共感的に捉えるか、批判的に捉えるかを問い、自分の立場を明確にさせる。小グループの話合いや、一人一台端末を使ったグループワークを行い自分の意見を十分に表現させる。全体で交流した上で「どうして村上君の特選を認められないのだろう。」や「なぜ村上君に褒められても言葉が出なかったのだろう。」と問う。裕美の俳句のよさを認めている村上君との違いにも触れ、意見を交流させ、本時の学習課題に繋げる。

2 共通解を考える

中心発問
表彰式の後、裕美が村上君に笑顔を返すことができたのはどうしてだろう。

　選者の評を聞いた後、裕美が何を考えたのかを、裕美に自我関与して考えさせる。他者の意見を素直に受け入れて村上君の俳句を認めた生徒には、どうしてそう思えるようになったのかを問う。それでも自分の俳句の方がよいと思う生徒には、どうして他者の意見を認められないのかを問う。それぞれの考えを話し合う中から、自分を肯定することと自分の考えに固執することの違いや、いろいろな見方や考え方があることを理解し、それを尊重することの必要性について意見を交流することで共通解に導く。

教材名　「どうして」

学習課題　相手を理解するためには、どんな気持ちが必要なのだろう。

村上君の入選を受け入れられない裕美をあなたは…

・私の句の方がいいのに。
・悔しい。
・選んだ人がおかしい。

・気持ちは分かる。
・自分も試合で負けると悔しい。
・相手を責めたくなるのは分かる。
・選んだ人に理由を聞きたい。

・村上君を否定するのはよくない。
・次は負けないようにがんばればよい。
・勝ち負けではないと思う。
・自分がよいと思えばよい。
・人と比べるものではない。
・村上君が選んだわけではない。仕方がない。

3 納得解と向き合う

必須発問②
自分の考えや意見を相手に伝えつつ、互いに認め合えるようにするにはどうしたらよいだろう。

　共通解として導き出された考えは、生徒たちが理想とした考えだが、現実には利害関係や人間関係によって「思っても行動できない。」ということがある。少数意見が無視されたり、一部の意見だけが尊重されたりして、声には出さないが不満があるという経験をしている生徒もいる。一人一人が現実の自分と向き合い、いろいろな見方や考え方を学び、SNSの問題も含めて、多様性のある社会の中で他と調和しながら生きていくための基盤となる自分の納得解に辿り着くための自己内対話の時間をとる。

よりよい授業へのステップアップ

本音の対話を引き出す補助発問

　１の場面で、主人公を批判的に捉え自分はこんな自己中心的な人間ではない、他人事だと捉える生徒もいる。そこで、部活動の試合やオンラインゲームなどでの言動を例示し、程度の差はあっても自分たちの周りにも似たようなことがあると認識させ、自分事として考えられるようにする。また、裕美の言動に寛容な村上君の心情に触れ、「村上君にはあって、裕美にないものは何だろう。」と問う。裕美の友達の心情にも触れ、予定調和の脱却を図ったイレギュラーな話合いを引き出す。

恩讐の彼方に

主題 人の心のありようについて考える

B (9)相互理解、寛容

本時のねらい

　この時期の生徒は、ものの見方や考え方が確立するとともに、自分の考えに固執する傾向も見えてくる。その一方で、周囲との摩擦を恐れ自分の本心を隠して過剰に同調してしまうこともある。相手の立場や生き方を尊重し、それを受け入れようとする姿勢をもつことの大切さについて考えたい。

　自分が犯した罪を、全てをかけて償おうとする主人公の了海の姿や、復讐心を超えて了海の偉業を認め、感じ入る実之助の様子から、人としてどう生きるか考えさせたい。

　授業を通して他者の立場や考え方を尊重し、理解し合おうとする心を育てる。

共通解

○実之助が了海の手を取り感激の涙を流し合えたのはなぜか。

・了海は自分の罪を反省しているから。
・一人で何年も掘り続けてきたことに敬意をもったから。
・寝る間も惜しんに作業を続ける了海からはもう人を殺すような様子は見えないから。
・一緒に頑張った仲間になったから。

本時の展開 ▷▷▷

1 学習課題を設定する

必須発問①
今までに誰かを許したり、許せなかった経験はあるか。

　「寛容」の言葉の意味を確認した後に、生徒の体験を聞いてみる。誰かから何かをされたという経験がない生徒には、自分が思う「よくない行動」をする人（いじめる人など）を許したことがあるかどうかと問いかけてみる。そのときの自分の気持ちや、どうして許せたのか・どうして許せなかったのかという理由を尋ねることで、実之助の気持ちに寄り添うことができる。今回の学習課題である「寛容の心」について考える伏線となっている。

2 共通解を導き出す

中心発問
街道の完成後、実之助が敵討ちをせず、了海の手を取り感激の涙を流し合えたのはなぜか。

　実之助が了海を許したことが強く感じられる場面である。事前に夜の洞窟で了海を殺そうとした自分に「戦慄を覚えた」の場面について、なぜそう感じたのかと問うことで、了海の行動の偉業さが分かる。了海と出会ってから、実之助の敵討ちをしようとする気持ちも弱まっていき、人のためにつちを振り続ける姿に何度も恨みを忘れそうになっていたことにも触れる。なぜ実之助は了海を許すことができたのかを考えることで、「寛容の心」についての考えも深まっていくだろう。

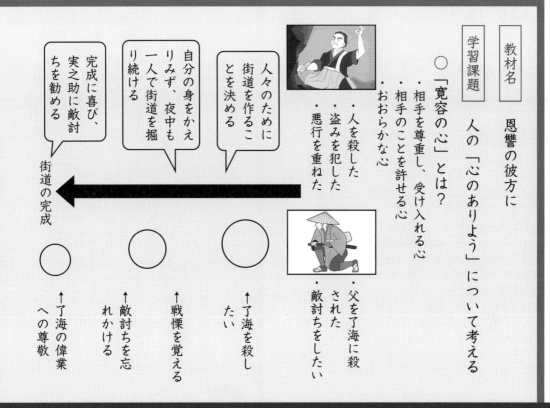

教材名　恩讐の彼方に

学習課題　人の「心のありよう」について考える

○「寛容の心」とは？
・相手を尊重し、受け入れる心
・相手のことを許せる心
・おおらかな心

人々のために街道を作ることを決める

自分の身をかえりみず、夜中も一人で街道を掘り続ける

完成に喜び、実之助に敵討ちを勧める

街道の完成

・人を殺した
・盗みを犯した
・悪行を重ねた
↑戦慄を覚える

・父を了海に殺された
・敵討ちをしたい
↑了海を殺したい

↑敵討ちを忘れかける

↑了海の偉業への尊敬

3 納得解と向き合う

必須発問②
人を許すにはどのような心をもつことが必要なのだろうか。

　実之助が了海を許していく・許した場面を見ていく中で、人の「心のありよう」について考えを深めていきたい。自分自身の思いは大切にした上で、相手の境遇や気持ちを理解しようとする心や、対立を避け相手を受け入れようとする心など、どういう気持ちをもつことが大切なのか自分の言葉でまとめられるとよい。意見を書いた後は、クラス全体で交流し、多くの考えを共有していきたい。自分とは違う考えをもつ人の言葉を聞くことで、考えがさらに深まることが予想される。

よりよい授業へのステップアップ

板書の構成を工夫し、考えやすくする

　今回の教材は長めの教材でもあり、登場人物も多い。イラストや関係図を用いながら、人物同士の関係性をしっかりと把握することが大切である。板書では関係が分かりやすいようにまとめたい。時前に教科書を読んでおくのもよい。

　他の工夫点として、実之助の了海への怒りの気持ちを表すバロメーターを示すことで、実之助の気持ちの変化も見取りやすく、なぜそこで気持ちが変化しているのかも考えやすいのではないか。

二通の手紙

主題 きまりを守る

C (10)遵法精神、公徳心

本時のねらい

多くの生徒が「きまりは守るべきである」と考えている。生徒会を中心にきまりをつくり、よりよい学校生活にしていこうとする姿もある。また、きまりを守って生活することで、集団に秩序が与えられたり、よい人間関係が保たれたりすることを多くの生徒が理解している。

本時の学習では、きまりを守らず入園終了時間後に姉弟を入園させてしまった元さんに共感する生徒が少なくないことが予想される。きまりの意義について考えさせ、きまりは守るべきであるという共通認識のもと、はればれとした顔で職場を去る元さんの思いを考えさせることを通して、規律ある安定した社会の実現に努めようとする態度を育てる。

テーマ：きまりを守る

教材名	「二通の手紙」

学習課題	元さんの行為の何が問題だったのだろうか。

姉弟を入園
- 元さんの行為は正しい。
- きまりは守るべき。
- やってはいけない。
  でも気持ちは分かる。
- 上司に相談すればよかった。
- 別の方法があった。

言い聞かせる。
元さんが休みの日に一緒にまわってあげる。

本時の展開 ▷▷▷

1 学習課題を設定する

必須発問①
入園終了時間後に姉弟を入園させてしまった元さんの行為についてどんなことを考えますか。

「どんな理由があってもきまりは守らなければならない」「姉弟を思いやる気持ちは理解できる」「懲戒処分にするなんてひどい」などの意見が予想される。「あなたが元さんだったらどうしますか」と問い、自分事として考えさせる。また、「元さんはどうすればよかったか」と問うことで、きまりを守ったうえで姉弟を動物園に入園させる方法を考えるようにもなる。元さんを気の毒に思う意見に対し、元さんがはればれとした顔で職場を去っていったことを取り上げ、2 の場面の発問につなげる。

2 共通解を導き出す

中心発問
はればれとした顔で職場を去る元さんの思いはどのようなものだったのだろう。

「届いた一通の手紙」と「懲戒処分の通告の手紙」をそれぞれ読んだときの元さんの思いや、二通の手紙を机の上に並べて元さんが考えたことについて語り合わせる。また、姉弟や母親、元さんの同僚や上司など、それぞれの立場で元さんに対する思いも考えさせる。様々な視点で考えさせた上で、職場を去る元さんの思いについて語り合わせる。さらに、懲戒処分を受け、納得いかなかった元さんが、はればれとした顔で処分を受け入れた心の変容について考えさせることで学びを深める。

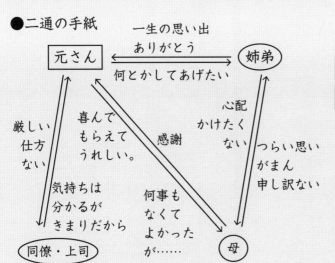

●二通の手紙

一生の思い出
ありがとう

元さん ← → 姉弟

何とかしてあげたい

厳しい
仕方
ない

喜んで
もらえて
うれしい。

感謝

心配
かけたく
ない

つらい思い
がまん
申し訳ない

気持ちは
分かるが
きまりだから

何事も
なくて
よかった
が……

同僚・上司　　　　　　　母

◎はればれとした顔の元さん

・姉弟に何もなくてよかった。
　でも、もし…こうなっても仕方ない
・どちらの手紙にも納得　→　責任をとるべき

共通解

決まりを守ること

・自分が守られる。
・人間関係がうまくいく。
・犯罪が起こらない。
・命が守られる。
・安心、安全な生活
　　　　　人権、法

3　納得解を考える

必須発問②
きまりを守ることはなぜ大切なのだろう。

　本時の学習内容と関連させながら、「なぜき
まりがあるのか」「きまりを守るとどんなよい
ことがあるのか」「きまりを守らないとどう
なってしまうのか」など、考える視点を焦点化
して提示することにより、深まりある学びが期
待できる。きまりは自分たちを守るものであり
社会を安定的なものにするものであることや、
法やきまりに積極的に関わりよりよいものに変
えていこうとする思い、相手を思いやる心や人
権問題・生命尊重などとの関わりなど、様々な
考えを発表させたい。

よりよい授業へのステップアップ

**様々な立場や視点で、グループで
語り合う**

　道徳の時間においても、「主体的・
対話的で深い学び」が求められてい
る。本時の学習では、様々な立場や視
点で考えることができたり、自分事と
して考えやすかったりするため、主体
的・対話的な充実した学びが期待でき
る。活発な意見交換をさせるために語
り合いの視点を明確に示したり、ホワ
イトボードなどを活用して語り合いの
内容を視覚的に捉えさせたりすること
で、一人一人の生徒が納得解と向き合
うことができ、学びが深まる。

ワンス・アポン・ア・タイム・イン・ジャパン

主題 住みよい社会の実現

C ⑽遵法精神、公徳心

本時のねらい

　本教材はアメリカの動物学者、エドワード・シルベスター・モースが1877年に標本採集のために日本を訪れたときの様子が書かれている。日本人を「あたりまえの心遣いができる人」と語り自身の国との違いに驚いている。

　あたりまえのことをあたりまえにするのは簡単なようで簡単ではない。法を守ることは自由を保障する基本であるが、法的に強制力を持たない義務を果たすことが人間としてのよりよい生き方であり、よりよい社会を支えるものであると気付くようにする。

　モースの見た日本から、理想の社会を考えることを通して、これからの社会を担うには、今自分は何が足りないかを考え、住みよい社会を実現しようとする態度を養う。

教材名

「ワンス・アポン・ア・タイム・イン・ジャパン」

| 教科書 P.176の写真 | エドワード・シルベスター・モース |

アメリカ人　動物学者
1877年〜2年間　日本滞在
当時の日本の様子を書きとめる

| P.176の写真 | P.176の写真 |

Q　50人の日本人に、すれ違った人がわざと財布を落とした。何人が本人に知らせる？　　/50

・呼び止めて知らせる。
・拾って本人に渡す。
　　　↓　　　　　　（自分だったら？）
　　・当たり前だから。
　　・相手が困るのが分かるから。
　　・大切な物がたくさん入っているものだから。

本時の展開 ▷▷▷

1 学習課題を設定する

必須発問①
すれ違った人が財布を落としたら、どうするか？どうしてそうするのか。

　ある番組で、50人の日本人にすれ違った人がわざと財布を落とし、何人が本人に知らせるかを実験していた。答えは全員が知らせたのだが、その結果を知らせる。自分だったらどうするか、何故そうするのかを意見を交流する。それは「あたりまえ」だからという意見を引き出し、あたりまえのことがあたりまえにできることがよりよい社会を作ることにつながっていることを押さえるようにする。また、これは今後の発問や本時の課題につなげる。

2 共通解を考える

中心発問
モースの見た昔の日本から、理想の社会を考えてみよう。

　教材を読み、モースの見た昔の日本のよさについて小グループでフリートーキングする。それを踏まえ「理想の社会」を考え、「その社会を支えるもの」についても考える。共通解を導くために、ホワイトボードを活用し、小グループで話し合い、全体で意見交流しねらいにせまる。また、「モースは今の日本をどう思うか」思いを巡らせながら、「今の日本に欠けているもの」を考える。安心・安全のためにルールがあり、自由が保障されるが、何より一人一人の心の在り方が重要であることを押さえる。

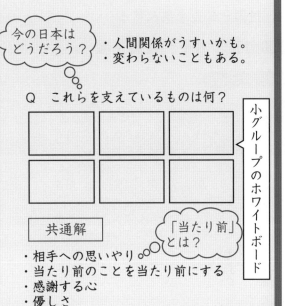

学習課題　規律あるよい社会を支えるものは何だろう？

Q　140年前の日本をどう思うか。

・今では考えられない。
・犯罪とか無かったのか？

今の日本は
どうだろう？

・人間関係がうすいかも。
・変わらないこともある。

Q　モースの見た昔の日本から、
　　理想の社会を考えてみよう。

・犯罪が無い
・温かい人間関係がある
・規則を守る
・助け合える
・相手への感謝

Q　これらを支えているものは何？

小グループのホワイトボード

3年4組の
あたり前

・挨拶
・困っていたら手を貸す
・時間を守る
・うそをつかない
・気配り　優しさ
・相手を尊重する

共通解

「当たり前」
とは？

・相手への思いやり
・当たり前のことを当たり前にする
・感謝する心
・優しさ
・気配り

3　納得解と向き合う

必須発問②
よりよい社会を創るために今自分ができることを
考えよう。

　これまでの話合いを通して、規律あるよい社
会を支えるのに必要なもの（共通解）を確認
し、導入での「あたりまえのこと」と結び付け
ながら、クラス、学校全体と社会を限定しなが
ら規律あるよりよい社会にしていくために何を
したらよいかを具体的に考える。

　最後に、自分自身を振り返り、今の自分に足り
ないものについて自分事として考えるようにす
る。クラスや学校全体だけではなく、SDGs の目
標達成を目指す2030年に自分たちが創っていく
社会を意識しながら考えを深められるようにする。

よりよい授業へのステップアップ

社会人としての自分を想像する

　理想の社会のイメージが無くてはよ
い社会の実現はない。理想＝きれいご
と考えていては何も解決しない。理想
の社会を創るためには、自分は何がで
きるのか、どうあるべきなのかを考え
ることが大切である。また、一人一人
の公徳心が理想の社会の実現には不可
欠であり、社会の中に生きる人間とし
てのよりよい生き方として考えを深め
ることができる。そしてこれは、
2030年全ての人が幸せな世の中の実
現のためにも、将来の自分とつなげて
考えることでより深まりが期待される。

教材名　　出典：学研、教出、日文

卒業文集最後の二行

主題 **正義と公正を重んじる**

C ⑽公正、公平、社会正義

本時のねらい

　「私」が、いじめていた「T子」の卒業文集の最後の二行「一番欲しいのは本当のお友達」を見て激しく後悔し、いじめは断固として許されないという態度を育成できる教材である。

　いじめは被害生徒の心身を大きく傷付けることに加え、「私」のように何十年もの間、過去の自分の行為に苦しみ続けることとなる。

　中学三年生になれば、正しい言動を心掛けることの重要性を理屈では理解している生徒も多い。しかしひとたび集団の中に入ると、周りの雰囲気に流されたり、周囲の目を気にして行動を躊躇し、見て見ぬふりをしてしまうことがあるだろう。なぜそうなってしまうかも考えることができる教材である。

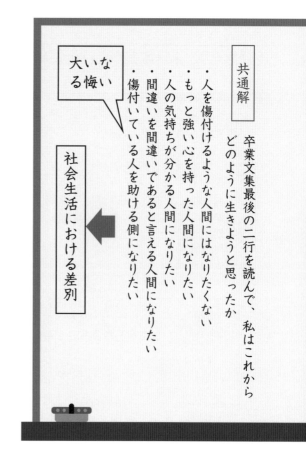

本時の展開 ▷▷▷

1 学習課題を設定する

必須発問①
社会における「正義」とはどんな行為をさすのだろう？

　導入で、「正義」という行為はどんな行為をさすのかを考えさせる。範読後、「私」とT子の心情を対比させながら、それぞれの思いを、生徒が共有していく形で授業を進めていく。多くの生徒は「私」の行動や心情に否定的な感情をもつと考える。自分は「私」と違う行動ができるかを、考えることが重要である。また、目撃者、傍観者としての視点から、それぞれの場面で、その場に自分がいたら、T子や、「私」に対しどのような働きかけができるかを考えさせ、中心発問に向かいたい。

2 共通解を導き出す

中心発問
卒業文集最後の二行は、「私」はこれからどのように生きようと思ったか？

　いじめは被害者に多大な苦痛を与えることのみならず、いじめをした加害者にも大きく傷、大きな悔いとなることを考えさせる発問である。本文中の「あの二行を読まなかったら、現在の私はどうなっていただろう」という一文から、「いじめはよくない」だけではなく「人間としてよりよく生きるために、やってはいけないこと」ということを「私」の回想から生徒と共有していく発問とした。

教材名　「卒業文集最後の二行」

学習課題　正義とはどんな行為をさすのだろう？

私とT子の思い、考え

私　　日常的ないじめ　　T子

・みんなでやるとおもしろい
・いじめられて同然だ
・こいつは先生にも言わない

・なぜそんなことを言うのか
・我慢していれば・・・
・黙っていることしかできない

カンニングしたと言われた

周りの生徒はどう思っていた？

・いいや、みんなの言うとおりやってしまえ
・この状況では本当のことは言えない

・私はそんな卑怯者ではない
・我慢できない

文集を読んだ「私」、書いたT子の思い

・本当にひどいことをしてしまった
・あやまって済むことではない

・誰もわかってくれない
・本当の気持ちを分かってほしい

果てもなく泣けた

欲しいものは友達ときれいな服

3 納得解と向き合う

必須発問②
「T子」さんが受けたようなことが減らないのはなぜだろう。？

　いじめの当事者の視点から、傍観者の視点に移す発問である。いじめや差別している側は実はその認識がないことがある。発問として「「私」や悪童たちのT子さんへのいじめを、他の生徒はどう思っていただろう」を考えることで、傍観者の行動の難しさを考えることが大切である。いじめを目撃した際も、つい周囲の目を気にしてしまい、行動に躊躇することもあるが、「私」の気持ちを受けとめいじめに対しての認識を改める発問としたい。

よりよい授業へのステップアップ

「いじめ」から「公正、公平、社会正義」へ

　本教材を理屈で考えてしまうと、「いじめはいけない」という意見が多く出され、結局「いじめはいけないこと」の再確認のような授業になってしまう。いじめは、学校生活に限ったものととらえがちではあるが、社会生活においても、不公平な扱いや、ヘイトスピーチのような問題がある。中学校卒業後、社会人となっても、どのように社会正義と向き合っていくかを考える終末にすることが、よい授業へとつながっていく。

ぼくの物語
あなたの物語

主題 「差別や偏見のない社会」

C (11) 公正、公平、社会正義

本時のねらい

　小中学校教育を通し、生徒たちは人権教育の一環で、「差別や偏見をいかになくしていくか」について考えてきている。併せて人間がもつ「弱さ」や「不安」、「自分本位」が差別や偏見の根本にあることも分かっているだろう。

　本教材は、黒人作家が、人種という「ほんの一部」の「物語」だけで人を判断してしまうことについて問題提起している文章と、「違い」について考える活動で構成されている。

　「本当の物語」と「本当でない物語」の違いに焦点を当てることで、見た目では分からないその人なりのバックボーンを知ることの大切さについて多面的・多角的に考える態度を養う。

```
　　　　　　　　　　　　　┌──┐
・互いをよく知る↑見た目だけでは、本質はわ　│共通│
　　　　　　　　　　　　　│解 │
・認め合い・尊重↑その人自身を知り、違いを　└──┘
　　　　　　　　認め合うことが大切。
・認め合い・尊重
からない。
```

（板書：縦書き）
- 共通解
- 認め合い・尊重↑その人自身を知り、違いを認め合うことが大切。
- 互いをよく知る↑見た目だけでは、本質はわからない。

本時の展開 ▷▷▷

1 学習課題を設定する

必須発問①
「差別や偏見のない社会」の実現に向けて、何が大切になってくるのか。

　今までの人権学習において学んできた「差別や偏見のない社会」について改めて問うことで、学んで身に付いてきたことの確認も含めて想起させる。

　生徒は、「差別や偏見」がいけないことという表面的、他人事のような考えはもっているが、相手と自分の相違点を受け入れてともに生きることまで、踏み込んで考えさせたい。

　授業の最初と最後で同じ発問を設定することで、生徒の考え方がより広がったり、深まったりすることが期待できる。

2 共通解を導き出す

中心発問
「ぼく」が「人種や肌の色で人を判断しないことにする。」と言ったのは、どんな考えからか。

　本文中にある「皮膚の下は、見てもみんな同じ。」という文に触れて考える生徒が多いと予想されるが、〈偏見の排除〉や〈自他の尊重〉といった「公正・公平」の様々な側面からの意見も取り上げることで、考えを深めたい。

　小グループでの意見交換では、「人のどのような『物語』に目を向けたいか」といった補助発問を適宜行うことで、より具体的に身の回りのことに着目させる。机間巡視により、異なる側面に触れている生徒を指名し、ポイントを整理しながら板書する。

テーマ	『差別や偏見のない社会』にするために大切なことについて考える
教材名	「ぼくの物語　あなたの物語」
学習課題	あなたは、『差別や偏見のない社会』にするために大切なことは何だと思いますか。

・人のことを受け入れる。
・互いの立場を理解して、よさを分かち合う。

☆「私は、いい場所に住んでいるから、あなたたちより上だ。」などの例を、「ぼく」が「本当の物語」ではないと言っているのは、どうしてでしょう。

・人は平等だから、上下関係はよくないから。
・「ぼく」が「人種や肌の色で、人を判断しないことにする。」と言ったのは、どんな考えからでしょう。

☆表面上だけのことだから。

・皮膚の下は皆同じ人間。
・物語を集めないとわからない。
・人種や肌の色だけで語るのはもったいない。

3 納得解と向き合う

必須発問②
あなたは「差別や偏見のない社会」にするために大切なことは何だと思うか。理由も書きなさい。

　終末に、冒頭の必須発問①と同じ発問をし、さらにそう考える根拠を問うことで、「差別や偏見」を扱った本教材を通して、改めて「人の心の本質」について向き合う時間を設定する。
　「差別や偏見のない社会の実現」について、「相手を尊重する」や「見た目で判断しない」といった理由だけでなく、さらに踏み込んで「根本は皆同じ」や「その人の本質を見る」といったことに気付かせ、自分事として心に落とし込んでいく時間を十分に確保することで「差別・偏見」というテーマと向き合わせたい。

よりよい授業へのステップアップ

副教材や意見交流から理解を広げ、深める

　「差別や偏見のない社会」の実現のために大切なことを授業の最初と最後に問うことで、教科書の資料や友達の意見から新たに学んだことが生徒の考えの変容となって捉えられる。実際の授業では、最初は「認め合う」や「互いを知る」といった考えが多かったが、最後には「見た目で判断しない」など踏み込んだ記述が多くを占めた。「本物の物語」に関わる「ぼく」の考えや自分とは異なる友達の考えに影響を受けたことが十分考えられる。

教材名　　　　　出典：東書
加山さんの願い

主題 寄り添い支え合う社会

C ⑿社会参画、公共の精神

本時のねらい

　地域社会の人々からの様々な支援のもと、充実した学校生活を送ることができているという思いを多くの生徒がもっている。また、地域の行事やボランティア活動に進んで参加し、意欲的に活動できる。中学校卒業を間近に感じるようになり、社会の一員として誰かの役に立てる自分でありたいという思いが強くなる。

　本時の学習では、過去の辛い経験から「訪問ボランティア」活動を始めた加山さんと中井さんの関わりから、支え合って生きていくために大切なことは何か考えることを通して社会の一員としての自分なりの在り方を考え、公共の精神をもってよりよい社会の実現に努めようとする態度を育てる。

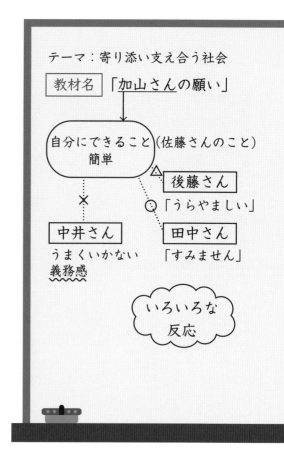

本時の展開 ▷▷▷

1 学習課題を設定する

必須発問①
加山さんはどんなことに悩んでいるのだろう。

　導入において、職場体験学習や地域のボランティア活動に参加したときに感じたことなどを発表させ、自分自身も社会の一員として参画していることを自覚させる。範読後、加山さんがどのような思いで「訪問ボランティア」の活動を始めたのか、教材に書かれている内容を確認したり考えさせたりするなど、加山さんの思いを十分理解させた上で発問する。登場人物の言葉を取り上げ、訪問される側に様々な思いがあることにも気付かせる。そして、中井さんとの関わりに焦点を当て、中心発問につなげる。

2 共通解を導き出す

中心発問
中井さんとの関わりから加山さんはどんなことを考えたのだろう。

　中井さんとの関わりに悩みながらも、なぜ加山さんは「訪問ボランティア」をやめなかったのか考えさせる。また、加山さんが中井さんとの関係をよくしたいと思っていることにも気付かせる。加山さんが親父が亡くなったことについて話したとき、中井さんに変化があった場面に焦点をあてることにより、「共通の話題」「興味のある話」「同じ立場」「気持ちの理解」などのキーワードが発表されることが予想される。その上で中心発問をすることで、深まりのある語り合いが期待できる。

学習課題　加山さんの悩みの背景にあるものを考えよう。

◎中井さんとの関わりから

　行くのをやめなかった

　　中井さんはうれしかった。

　　　体のことを心配してくれた。
　　　「してもらう」のがいやだった。
　　　同じ目線で話してくれた。

　共通解

　気付き

　お世話をされることがつらい人もいる。
　人によって望んでいることが違う

　　　└→理解することが大切。
　　　　（考え方、気持ち、人柄…会話から）

●地域社会　→　私
　・見守ってもらう
　・部活動の支援
　・職場体験

●私　→　地域社会
　・清掃
　・お祭り（手伝い）
　・ボランティア活動
　・職場体験

3 納得解を考える

必須発問②
様々な考え方をもつ人々がいる社会で、支え合って生きるためにどのようなことが大切だろう。

　これまでの自分の体験を振り返り、本時の学習と関わらせながら考えるよう助言する。「自分勝手な言動は控え、他人のことを考えて生活すること」「相手の気持ちや考えを理解すること」「様々な考えをもつ多くの人々と助け合い、励まし合い、社会の一員としてよりよい関わりをしていくこと」などの意見が発表されることが予想される。このことは、これまで多くの生徒が学校生活で取り組んできたことであり、社会においても大切であることにも気付かせたい。

よりよい授業へのステップアップ

ボランティア活動や他の教科等の学習との関連付け

　体験したことを振り返りながら自分事として考えさせることで、主体的で深まりのある学習が期待できる。また、社会科の公民分野の学習などと関連付けて考えさせることにより、学習に広がりをもたせることができる。様々な考え方をもつ人々が生きる社会において、自分はどのように考え、どのように生きていくか考えさせることは卒業間近に控えた3年生にとって重要である。

教材名　　　　　　出典：光村

一票を投じることの意味

主題　よりよい社会の実現

C ⑿社会参画、公共の精神

本時のねらい

　15歳の主人公あかりが市議会議員選挙の投票日に父から「選挙に行ってみないか」と誘われる。あまり興味がなかった主人公だが、実際に投票する人の様子を見て「選挙はなぜ必要なのか」と疑問に思った。母のすすめで図書館に行って出合った池上彰氏の本や、父に見せてもらった選挙公報を通して、自分ならどんなことが実現したらうれしいかを考える中で、いろいろな立場で考えなければならないことに気付き、自分が投票できるようになるのが待ち遠しくなった。

　本教材は、社会科の公民分野との関わりが深い。主人公の変化に注目し、社会の一員としてよりよい社会を実現するために必要なことは何かを考えることを通して道徳的判断力を養う。

教材名

「一票を投じることの意味」

学習課題

よりよい社会の実現に必要なことは何だろう？

10代の投票率（総務省HPより）
H29.10月（衆議院）40.49％
　＊全体は53.68％
R1.7月（参議院）32.28％
　＊全体は48.80％

↓

Q.若者の投票率が低いことをどう考えるか。

・もっと若者が政治参加すべき
・投票しに行くべき
・期待されない政治も悪い
・一票で変えられるのかな…。

本時の展開 ▷▷▷

1 学習課題を設定する

必須発問①
若者の投票率が低いことをどう考えるか。
どうして選挙は必要なのだろうか。

　平成29年10月に行われた第48回衆議院議員総選挙と令和元年７月に行われた第25回参議院議員通常選挙の投票率を提示し、半数以下の投票率で本当にみんなの意見が反映されたと言えるかどうかを問う。さらに続けて「どうして選挙は必要なのか」「政治家とは何をする人なのか」についても時間の許す範囲で問う。ここでは中心発問につなげるために、あかりが調べた内容について整理する。あかりが政治家や投票することの意味について調べて知るという行動そのものが大切であることに気付かせたい。

2 共通解を導き出す

中心発問
よりよい社会の実現に必要なことは何だろう？

　若者の投票率が低いことについて考えたことを通して問題意識をもたせ、「よりよい社会の実現のために必要なことは何か」と問う。内容項目「社会連帯、公共の精神」にある次の①〜③の３つの視点を大切にして共通解を導き出したい。①社会の形成を人任せにせずに主体的に参画して社会的な役割と責任を果たす。②多くの人と協力して誰もが安心して生活できる社会をつくっていこうとする。③政治や社会に関する知識や判断力、論理的・批判的精神をもって自ら考え、社会の発展に寄与する。

あかりが調べたこと

> ・有効に「税金を使う人」
> （＝政治家）を選ぶのが選挙
>
> 政治家とは？
> ・公務員の仕事をチェックする人
> ・税金をどんなことに使うか、使
> い道を決める
>
> 何が「必要」かというのは議論の
> 余地がある

選挙公報〜候補者の主張を見て
さまざまな約束があるけれど

> 私がうれしくても
> おじいちゃんやおばあちゃんは？
> 近所の人は？
> →公平な税金の使い方とは…。

Q.どうして選挙は必要なのか。

・税金を使う人を決める必要があるから
・自分たちだけではできない仕事がたく
 さんあるから
・国民の意見を反映させるため
・社会をよりよくしていくため

★より良い社会の実現のため
 には？

↓

共通解

・政治や社会についての知識が必要
・これから変えていかなければならない
 ことを知り、考える
・進んで社会と関わりをもつ
 （ボランティアなど）
・さまざまな立場の人のことを考える
・だれもが安心できるように協力する

3 納得解と向き合う

必須発問②
主人公はどうして投票できるようになるのが待ち
遠しくなったのだろうか。

　中心発問の中で挙げた３つの視点は教材中の
主人公も同様ではないかという視点で考えさせ
たい。主人公ははじめは選挙に対して興味がな
かったのに、なぜ最後には投票できるようにな
るのが待ち遠しくなったのかという主人公の変
化に注目することで、より深く考えさせたい。
別の発問として「投票できるようになるまでの
三年間、あなたはどんなことができるだろう」
と問うこともできる。中心発問で出た共通解を
自分事として捉え、多面的・多角的に思考を巡
らせ、納得解を充実させることにつなげたい。

> **よりよい授業へのステップアップ**
>
> 教科との関わりを意識した教材研究
>
> 　本教材を理解するための中心部分は
> 池上彰氏の解説部分である。ここには
> 選挙は有効に税金を使う人を選ぶこと
> であるという主旨の内容が書かれてい
> る。税金を有効に使いたいとなれば、
> 社会生活面、自然環境面、経済面と
> いった多面的な見方と、主人公
> 「私」、おじいちゃんやおばあちゃん、
> 近所の人といった世代や立場の違う多
> 角的な見方によって評価する必要があ
> る。社会科ではこういった社会的事象
> を多面的・多角的な見方を通して学習
> しているため、本時にも活用したい。

教材名	出典：東書

好きな仕事か安定かなやんでいる

主題 将来の自分を見つめて

C ⒀勤労

本時のねらい

　勤労は、人間生活を成立させるうえで重要なものであり、一人一人がその尊さや意義を理解し、将来の生き方について考えを深め、社会における自らの役割を考え、勤労を通じて社会に貢献することが求められる。

　中学3年生は、すでに職場体験学習も経験しており、自分の進路選択も意識する中で、将来の職業や自分の生き方について具体的なイメージや目標をもつことができる生徒が増えてくる。希望や夢とともに、充実した人生を送るために、勤労が人生に与える影響を考えることは、進路選択や職業を選択するうえで重要である。本時では、様々な意見に触れ、自らの生き方について考えを深め、生きがいのある生き方を実現しようとする意欲を高めたい。

> **教材名**
> 「好きな仕事か安定かなやんでいる」
>
> **学習課題**
> 進路や将来の仕事を考えるとき大切にしたいことについて考えよう。
>
> **何のために働くのか**
> ・お金　　　・生活の安定
> ・生きがい　・幸せ
> ・名誉　　　・人のため
> ・自分の成長
>
> | **好きな仕事** | **安定した仕事** |
> |---|---|
> | ・楽しく働きたい
・意欲が増す | ・生活するのにお金が必要
・収入が安定しないと生活が大変 |

本時の展開 ▷▷▷

1 学習課題を設定する

必須発問①
あなたは、なんのために働きますか。好きな仕事と安定した仕事のどちらを選びますか。

　勤労には、単に生活費を稼ぐだけでなく、自分の能力を発揮したり、夢や希望に関わる自分の幸せを追求する面と、社会に貢献する面との二面性があることを理解させるための発問である。生徒が発表したことを自分の幸福追求、社会貢献と大きく大別して、生徒に気付かせる。

　また、教材のタイトルにもなっている「好きな仕事」「安定した仕事」という観点からも選択させる。

2 共通解を考える

中心発問
四人の意見のうち、一番共感できるのは誰の意見ですか。理由も一緒に考えよう。

　自分の思いや考えに近い、自分がこれだったら納得がいくという意見を一つ選ばせる。A〜Dのどの意見を選んだのかがお互いに分かるように、ネームプレートを貼らせる。なぜ、その人の意見を選んだのか理由も明確にさせる。そして、まず、同じ意見の人同士で交流させる。次に、違う意見の人と交流させる。いずれも、友達の意見で参考になった意見はメモを取らせる。タブレット端末などを有効に活用した交流も積極的に考えていく。

共感できるのは?

牧師
・心の望む方向に進め
・自分の思い、願いを大切にしている

飲食店経営者
・思い切って挑戦
・チャレンジャー
・失敗を恐れない

会社員
・安定した職に就いてから好きなこと
　もできる
・まず、好きなことを生かしたら

アルバイト
・自分も同じ悩み
・悩んでいるのは自分だけではな
　い——安心感

共通解　進路や将来の仕事を考えるときに大切にしたいこと

・やりたいことに挑戦する
・やりたいことをとことん追求してみる
・好きなことを続け、まずは高校生活を
　充実させる。
・好きなことが見つけて大事にする
・人からのアドバイスも参考に納得して
　決める

・いろいろなことを経験して、やりが
　いを感じることを見つける
・はっきり決められない性格だが、将
　来のことははっきり決断したい
・自分がやりたいことと自分が今置か
　れた状況を照らし合わせてよく考える

■　大学生に手紙（自分だったらこうする、こう思う）

3　納得解と向き合う

必須発問②
自分の思いや考えを大学生に伝える手紙を書くと
したら、どのように書きますか。

　自分自身との関わりで考えさせるのに、「授
業を通して、進路や将来の仕事を考えるとき、
大切にしたいことをまとめよう」と発問するこ
ともできるが、ここではより主体的に考えさせ
るために、大学生に手紙を書く活動を考えた。
自分はどう思っているか、考えているかに触れ
ながら、本時の展開2で交流した友達の意見を
十分に生かして、自分の思いや考えを伝えた
い。単純に発問するか、手紙にするかは、学級
の実態を見て決める。

よりよい授業へのステップアップ

「生徒指導の3機能」を生かす

　本時の学習には「グループ学習」を
取り入れるが、まず、自分の立場（一
番共感する意見を一つ選ぶ）を明らか
にし、自分の考えとその理由（根拠）
をしっかりと持たせること「自己決
定」が重要である。そのうえで、二つ
の交流活動を行い、「共感的理解」、
「自己存在感」を享受させる。
　この授業に限らず、上記「生徒指導
の3機能」を継続させることは、生
徒の意欲の喚起とその継続にも大変重
要なことである。

一冊のノート

主題　家族の絆

C (14)家族愛、家庭生活の充実

本時のねらい

　家族という言葉から生徒は、どんなイメージをもつだろうか？　生活の基盤や大切な集団等が予想される発言であるが、以前の授業で「温かいもの」と答えた生徒がいた。本教材では、「ぼく」が、行動に苛立っていた認知症の祖母が、だんだん記憶力がなくなっていきながらも、家族のために努力していた様子を書いたノートを読んで、家族の「温かさ」に気付く。

　人は家族の中で育まれ成長していく。しかし中学生は「ぼく」と同じように日常的に家族の温かさに気付くことなく生活を送っているばかりか、時には反抗心や批判的感情が先行してしまうこともさえある。本教材を通して、家族の絆を育みながら、自分も温かい家庭を築いていこうとする心情を育てていきたい。

共通解
ぼくが遠ざけていた祖母と一緒に草取りをできたのはなぜだろう？
・祖母も一生懸命家族のことを思っていてくれたことが分かった
・祖母の思うを受け止めようと思ったから
・家族の中で、自分ができることをしようと思ったから
ぼくはどんなことを話しながら草取りを続けただろう？
・おばあちゃんありがとう　・長生きしてね　・気持ちも知らずごめんね　・おばあちゃんも不安だったんだね。

本時の展開 ▷▷▷

1 学習課題を設定する

必須発問①
自分が今から60年後（75歳）どうなっているだろう？

　導入で60年後の自分を想像させ、できなくなっていることが多いことを実感させる。中学生は体力的に成長の過程であり、年配者の行動にストレスを感じてしまうことも少なくない。範読後は、「ぼく」をどう思うかを問い、導入の問いと比べながら「ぼく」の心情と自分たちの心情を共有していく。さらに弟の祖母への言動、父親の話等を通し、「ぼく」の心の中に内省が芽生え始めたことを感じさせながら、中心発問につなげたい。

2 共通解を導き出す

中心発問
ぼくが遠ざけていた祖母と一緒に、草むしりできたのはなぜだろう？

　祖母の言動にストレスを感じていた「ぼく」の大きな変化である。「祖母のノートを見たからである」ということを、生徒の側から出させる発問をまず行い、認知症を患っていた祖母に対する申し訳なさに加え、家族に対しての祖母の思いを多面的に考えさせていく。思いの変化は、遠ざけていたはずの祖母のいた外に出てともに草取りを始めた「ぼく」の行動にも表れている。ノートのどの部分を読み、どうしてそう行動したのかを生徒に問いたい。

教材名	「一冊のノート」
学習課題	60年後の自分はどうなっているだろう？

良くなっていること
・お金が今よりある
・自立している
・家族を持っている

できなくなっていること
・今のような運動ができない
・もの忘れがひどい
・病気になっている

祖母への不満
・学校に遅れる
・母や弟も困っている

挿絵　終末に記載してもよい

挿絵
・知らんぷり
・恥ずかしい

弟の言動
・ひどいことを言うな
・自分もあんな言い方をしていたのか！

父の言葉
・それはわかっているけど・・・
・自分は困難でいいのか？

祖母への思い

一冊のノート
・祖母が自分に対するもどかしさ
・家族への感謝の気持ち
・一生懸命やっている自分の気持ち
・せめてあと五年・しっかりしろ
　→ にじんだインクの跡

3 納得解と向き合う

必須発問②
「ぼく」はおばあちゃんとどんな話をしながら草取りを続けただろう？

　生徒自身が家族をどう思ったかを、多角的に考えていく発問である。「自分のことは自分でするようにする」等、生徒から出てくるだろう。導入と関連させ、75歳になったときに失っているもの（体力等）もあれば、家族への深い愛のような、得るものもあることへ繋げる。生徒には孫のことを思いながら頑張ろうとする祖母の姿を通し、父母や祖父母に対しての敬愛をもたせること、家族における自分の役割を考えさせる発問としたい。

よりよい授業へのステップアップ

「老いる」ということを考える

　父の言葉から、祖母が認知症の疑いがあるという考えをもつ生徒も多いことと思われる。しかし、扱い方に配慮し、認知症の対応の仕方に重点を置くような授業にしてはならない。この教材で考えるべきことは「老いる」ということである。中学生は、自分にできることをできない他者へ、批判的な視線を送ることがあるが、「できる、できない」ではなく、「やろうとしている気持ちを汲み取ること」、「老いるということ」を通し、自らがするべきことは何かを考えられる授業にしたい。

巣立ちの歌が聞こえる

主題 自分の生活を見つめ直す

C⒂よりよい学校生活、集団生活の充実

本時のねらい

　よりよい学校生活の中でも、愛校心に焦点を当てた物語である。よき校風とはもともとあるものではなく、中にいる自分たちがいかに過ごすかにかかっていることに注目させたい。

　「荒れた」学校S中に転入した「私」は、その状況とみんなの無関心に憤る。市の体育大会での他校からの声にショックを受けたことを発端に、一部の生徒が清掃・修繕活動を始め、みんなの意識を変える大きな輪となっていく。

　器物破損、新聞報道等、描かれている学校の様子が古い時代を感じさせる部分もあるが、そういう事象に注目するのではなく、所属する集団や日常生活のあり方に誇りをもてずにいる生徒たちの思いと、それを乗り越えるために大切にすべきことは何かを考えさせたい。

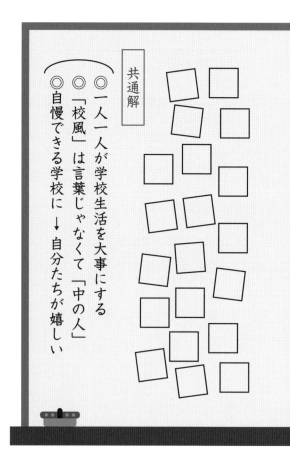

共通解

◎◎◎一人一人が学校生活を大事にする
「校風」は言葉じゃなくて「中の人」
◎自慢できる学校に → 自分たちが嬉しい

本時の展開 ▷▷▷

1 学習課題を設定する

必須発問①
自分の学校のよさとは何だろう。また、この学校でよかったと思えたのはどんなときだろう。

　導入で、自分の学校に対する「思い」を考えさせる。この時点では、表面的な内容（校舎がきれい、行事が面白い等）でも構わない。本時を通して最終的に「自分自身の行動のあり方」に注目させるための伏線として扱う。なお、学校や現在の環境に対して不満や不安を抱える子供がいる場合は、指名や発表に配慮したい。

　本文を読み、物語中の中学校の現状と学校に誇りをもてない登場人物たちの姿を踏まえ、「誇りをもつ」ことに焦点を当てて考えていくことを確認し、本時の学習課題を設定する。

2 共通解を導き出す

中心発問
誇りをもって学校を巣立つためには、どうしたらいいのだろう。

　展開ではまず、みんながなぜ無関心を装っていたのかを考えさせる。信頼していた石丸さんの変化とその理由を押さえるのがポイント。

　次に、石丸さんが始めた行動が広がっていった理由を話し合う。他校からの評価を知り、客観的な視点をもったことで、愕然とするみんなの心境をしっかり読み取らせたい。

　その上で、誇りをもって学校を巣立つためにはどうしたらよいかを問う。ここでは、集団の一員として、校風や文化を創る一人としてできることとすべきことは何かを考えさせたい。

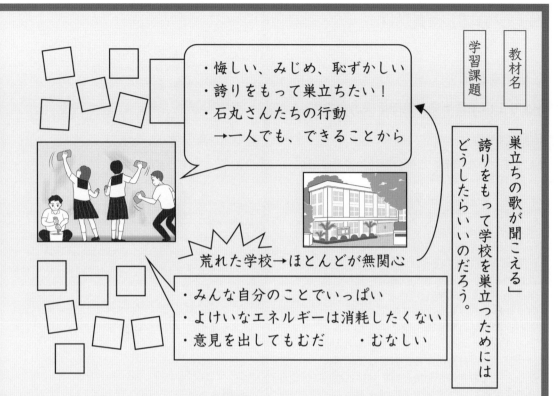

3 納得解を考える

必須発問②
卒業するまでの間に、学校の一員として自分がしたいと思うことは何だろう。

　全体での共通解を確認した後、自分自身がより充実して卒業を迎えるために、学校の一員としてしたいと思うことを考えさせる。付箋紙に（7.5cm 角がおすすめ）名前と内容を書き、黒板の校舎イラストの周辺に貼らせる。教師が受け取ってグルーピングしながら貼ってもよい。
　板書は、校舎イラストの周辺のスペースを空けて先に共通解を書き、その後付箋紙を貼らせるようにする。授業後には、付箋紙は剥がしてノートやシートに貼らせると、記録として残すことができる。

よりよい授業へのステップアップ

学校の伝統やよさを「創る」視点

　学校の伝統や校風というと「守り伝えるもの」と考えがちだが、多様な子供の現状や新しい時代への対応を踏まえると、これまでの歴史を大切にしながらも、建設的に「創っていくもの」という視点をもって指導したい。
　共通解では、「校風は文化として自分たちが創るもの」「自慢できる学校になることは自分たちが嬉しい」といった意識を大切に話し合わせたい。
　自分と向き合って記入した付箋紙は、学校を囲むように配置し、みんなで創り上げるイメージを共有したい。

受けつがれる思い

主題　伝統を創る

C⒂よりよい学校生活、集団生活の充実

本時のねらい

　中学３年生になると、行事や部活動等を通して、自分たちが学校の校風を継承し、発展させていくという自覚が高まる。反面、自分たちの集団の所属感や一体感を強く求め、自分の思いを優先し排他的になってしまうこともある。

　サッカー部を作ろうと奮闘する藤田君は、グランド整備の困難さから挫折しかけた。しかし、共にがんばってきた堀君の姿に心を打たれた。努力の末思いを成就し「任せたぞ。」と後輩に声をかけて卒業したという内容である。

　導入時に、自分の学校の伝統を発表し合うことで、課題意識をもつ。テーマ発問を中心に発問構成を工夫し、自分の学校に置き換えて考えさせることで先輩たちから受け継いでいるものをより発展させていこうとする心情を育てる。

わたしの学校の伝統

・歴史がある。
・部活動が盛ん。
・自問清掃
・行事が盛り上がる。

サッカー部ができる

・うれしい。
・がんばろう。
・早く試合がしたい。
・自分たちから始まるんだ。

本時の展開　▷▷▷

1　学習課題を設定する

必須発問①
藤田君は、どうして堀君に何も言い返せなかったのだろう。

　校長先生から「サッカー部の活動を許す。」と言われたときの藤田君の気持ちと、グランド整備に挫折しそうになる藤田君の心情を共感的に考えさせる。その際、一人一台端末のテキストマイニングツールを活用して、誰もが話合いに参加できるようにするとよい。一人一人の思いを可視化して発言の多かったキーワードを確認した上で、堀君に言い返せなかった藤田君の気持ちを、自分事として考える。藤田君の中に混在する堀君に対する思いと、藤田君自身に対する思いを繋いで学習課題を設定する。

2　共通解を考える

中心発問
「後は任せたぞ。」という言葉には、どのような思いが込められているのだろう。

　初めての試合で泣いていた藤田君や堀君の思いに共感させる。テキストマイニングツール等を活用して、多様な思いに触れられるようにする。そして中心発問に繋ぎ、卒業式の日に後輩たちに託した「後は任せたぞ。」という言葉に込められた思いを考えさせる。自分だったらという視点で、理由を含めじっくりと考えさせるために、書く活動を取り入れる。また、ペア活動や役割演技を取り入れ、思いを受け止める後輩の気持ちにも触れる。両方の立場の思いに触れることで自分たちなりの共通解へと導く。

教材名
「受け継がれる思い」

学習課題

伝統はどうやって創られて
いくのだろう。

後は任せたぞ

やりきった。

やっとサッカー部
らしくなった。

オレたちの思いを
引き継いでほしい。

ずっとサッカー部を
続けてほしい。
（なくならないで）

この後輩たちなら
やってくれる。

どうして言い返せなかったの？

自分のことしか
考えて居なかった。

堀君だって同じ
気持ちなのに。

オレが誘っ
たのに…

堀君は
強いな。

堀君のことを考
えて居なかった。

共通解

校長先生に
約束したのに。

ここでやめ
るわけには
いかない。

オレがやめ
たら、みん
なに悪い。

・後輩たちにつながって伝統になって
ほしい。
・先輩から後輩につながる思いが伝統
になる。

3 納得解と向き合う

必須発問②
伝統はどうやって創られていくのだろう。

　導入で、自分の学校の伝統に触れているため、共通解を紡ぐ段階で、伝統や先輩たちの思い等の言葉が出てくることが予想される。終末では共通解から自分たちの部活動や学校へと思いを巡らせ、自分事として考える時間を設定する。その際、部活動の様子、生徒会が中心となって推進している学校の特色や行事などのイメージ画像を流すと、集団への所属感が強まり、集団への誇りや肯定感が高まる触媒の役割が期待できる。自分が所属する集団への思いを引き出すことで、個々の納得解を見つけることができる。

よりよい授業へのステップアップ

イメージを育てる ICT の活用

　自分の学級、学年、学校、部活動等への思いをできるだけ多くの生徒から吸い上げるために、ICT を活用して可視化する。自分の集団を快い居場所と感じている生徒ばかりではない。テキストマイニングツールを用いることで、匿名で自分の不安を吐き出すことができる。それを受容的に受け止め、共有できるような学級集団を創ることが、何よりも大切である。画像や動画の自分たちの姿を他者目線で捉えて話し合うことで、集団と個の在り方を考えさせ、自分なりの納得解へと繋げる。

教材名　　　　　　出典：光村

好いとっちゃん、博多

主題 郷土を愛する心

C (16)郷土の伝統と文化の尊重、郷土を愛する態度

本時のねらい

　生徒にとって、地域社会は家庭や学校とともに大切な生活の場であり、その土地の伝統や文化を滋養として成長する。が、都市化や過疎化が進む中で、郷土意識が薄れ、生徒が地域の人々や行事に触れる機会も減少している。そこで、郷土に育まれた伝統や文化、そこに携わる人々の思い等に触れたり、体験したりすることで、地域社会の一員としての自分の存在に気付くことが重要である。

　郷土を愛し、その発展に尽力した西島氏の思いや願いに触れ、郷土と自分との関わりについて考え、郷土に対する認識を深め、郷土を愛しその発展に努めようとする心情を育てたい。

板書

共通解

◎西島さんがつなごうとした「たすき」とは？

・「石けんのように わが身を溶かして 周りの人に尽くせたら」
・祭りの楽しさ　・故郷の伝統と文化
・故郷を大切に思う心・故郷のためになりたいという気持ち
・お互いを思いやる気持ち・故郷の人たちの明るさやきっぷのよさ・優しさ

伝統や文化
故郷への思い
人の心

○自分がこのまちでつなげる「たすき」は？

本時の展開 ▷▷▷

1 学習課題を設定する

必須発問①
自分たちが住んでいるこのまちに、昔から伝わり、大切にされているものはなんだろう。

　授業への方向付けを図る発問である。生徒は、小学校、中学校を通して、地域の伝統や文化にふれたり考えたりしてきている。ここでは、「伝統・文化」という言葉は使わずに、生徒に自由に発想させ、古くから今に至るまで大切にされてきたものやことを挙げさせる。

　あらかじめ家庭学習で調べさせておくのもよい。また、その土地の祭りや行事、物産品、建造物や遺跡、郷土料理、伝統芸能などについて、実物や写真などを用意しておくのも効果的である。

2 共通解を導き出す

中心発問
西島さんがつなごうとした「たすき」とは、なんだろう。

　まず、西島さんが「故郷に恩返しがしたい」と思うようになったのはどうしてかを問い、小さな頃から、博多の豊かな自然や伝統的な祭り、行事が西島さんの人生を彩ってきたことに気付かせる。

　「たすき」について、伝統や文化・故郷への思い・人の心など、多面的・多角的に考えさせる。自分の考えを整理してから、小グループで発表し合い、考えを広げたり、深めたりする。西島さんのような人がいるから、今日に至るまで守り継がれていることに気付かせたい。

教材名　「好いとっちゃん、博多」

学習課題　郷土を愛する心について考えよう。

博多　放生会
［伝統的祭り］

「幕だし」を復活

博多町人文化連盟
西島伊三雄さん

○「故郷に恩返しがしたい」

◆理由
自然豊かな博多＝四季折々の自然
伝統的な祭りや行事への参加が楽しみ
元気が出る温かい気持ち
明るさやきっぷのよさ
思いやりや優しさー喜び

いつか、自分も

教科書のマーク

地下鉄　福岡駅のシンボルマーク

3　納得解と向き合う

必須発問②
自分が地域や故郷のためにつなげる「たすき」はなんだろう。

　導入で挙げた自分の住むまちに伝わる伝統や文化も守り継ぐ人がいるから、今があることに気付かせる。そして、このまちで生活している自分自身が、地域の伝統や文化を伝えていく主体であることに気付かせ、自分が引き継げる「たすき」は？と投げ掛け、本時の展開2で話し合ったことを基に、自分が地域の中で何ができるかを具体的に考えさせる。中心発問を受けて「たすき」という言葉を使って発問するが、分かりづらければ、地域のために自分ができることと言い換えることも考える。

よりよい授業へのステップアップ

学びをつなぐ

　1時間の授業の発問構成を考えるときに、生徒の思考の流れが寸断されないように考えることが大切である。つまり、発問で聞かれたことについて生徒が考えるときに、それまでの考えや活動が生かされるようにすれば、生徒の思考はスムーズに流れ、唐突に聞かれた感がない。納得解を導くときに、みんなで考えた共通解を基に考えることで、主体的な学びが促進する。考えるときに、すぐ前で考えたことを基に考えるということを続けることで、生徒の学習意欲も自然と育まれる。

<table>
<tr><td>教材名</td><td>出典：東書</td></tr>
</table>

花火と灯ろう流し

主題 先人の思いとともに

C (17)我が国の伝統と文化の尊重、国を愛する態度

本時のねらい

　日本の年中行事は、そこに暮らしてきた人々の深い経験とつながっている。中学生は、日本の年中行事にある程度の理解はあるが、その由来を知る者は多くなく、行事の根源的な意味と結び付けて参加・鑑賞する生徒は少ないと考えられる。

　本教材では、灯ろう流しを取り上げている。ゆっくりと波任せに漂う灯ろうは美しいが、一方、悲しみや切なさを感じさせるものである。作者は人生の悲哀や苦しみを新たな気持ちに転換させるものとして、年中行事を捉えている。

　作者の思いを通して、日本の年中行事への理解を深め、先人たちの豊かな心情を感じ取り、伝統の継承と文化の創造に努めようとする心情を育てる。

本時の展開 ▷▷▷

○行事の継承のために私たちにできることは？

共通解
・先人の思いを、現代人が語り継ぐ
・積極的に参加する
・行事の意味を理解する
・家族と一緒に参加
・地域の人と関わる

1 学習課題を設定する

必須発問①
自分が住んでいる県（市町村などでも）の年中行事をどれくらい知っているか？

　自分が住んでいる県や市町村の年中行事を発表してもらう。出てきた行事について、どんな行事なのか、いつから行われているのか、なぜ行っているのかなど、一人一つ程度詳しく聞いてみる。どんな行事か、については話せるだろうが、いつから、なぜについては答えるのが難しいだろう。教師も事前に調べておく必要がある。生徒から出てこなかった行事や、他県の行事など紹介することで、年中行事への興味をもたせる。本時の展開2で継承されている理由を考える伏線にもなる。

2 共通解を導き出す

中心発問
年中行事に参加する人々の思いを汲み取ろう。

　灯ろうを流し、泣いている女性はなぜ行事に参加しているのかを考え、「割り切れない思い」を自分なりに対処する機会だと気付いたことを押さえる。それぞれの行事にはそれぞれ実施する意味がある、ということを確認し、年中行事に参加する人々の思いを考える。意見が出てこない場合は、1回行うだけでもいいのに、なぜ続けていく必要があるのか？　と追質問する。教材のみにとらわれず、さまざまな行事や、参加する人の様子を思い出し、話し合っていきたい。

教材名 「花火と灯ろう流し」

学習課題 年中行事に継承のためにできることは何だろう。

○年中行事とは…一年の内のならわしとして催すもの

身近な行事の写真

・○○（いつ）から
・〜〜〜をする
・毎年参加している
・きれい・楽しい（など感想）
・〜〜〜のために行う　など

○灯ろう流し…死者の魂を弔い灯ろうを海や川に流す行事
・魂が宿っている？
・すすり泣く女性

○女性はなぜ行事に参加したのか
・気持ちの整理
・身近に亡くなった人がいて弔うため
・現実と向き合おうとするため
↓
年中行事には、それぞれ実施する意味がある

3 納得解と向き合う

必須発問②
今後の年中行事との関わり方について自分の考えをまとめる。

　振り返りの時間に、これからも行われていく年中行事にどういう気持ちで参加するか、年中行事を継承させるために、自分たちに何ができるか、自分の考えをまとめる。人から人へ受け継がれていること、行事が行われる人々の思いを大事にするなど、年中行事を大切にする気持ちが書かれるとよい。

　クラス全体で共有し、キーワードを板書していくことで、伝統の継承や文化の創造についてそれぞれが考えていくことができる。

よりよい授業へのステップアップ

動画や写真を活用する

　灯ろう流しもそうだが、どんな年中行事か想像が付きにくい生徒もいるだろう。授業時に動画や写真などを見せることによって、イメージをしっかりもって授業に臨ませたい。

　また、地域の年中行事などは、家族も参加していることが考えられる。家庭学習として、どのような気持ちで参加しているのか家族に聞いてみるのもよい。事前に聞いてみることで、どんな年中行事があるのかも分かったうえで授業に参加することができる。

教材名　　　　　出典：東書

その子の世界、私の世界

主題 人類全体の幸せを考える

C ⒅国際理解、国際貢献

本時のねらい

　本教材は、簡単には解決できない国際社会の問題を扱っている。武器を手にしている子供、ごみの中で生まれた子供、難民、カカオ農園で働く子供の写真や実情、そこで働く子供を考えさせる詩と広い視野で考えることができる。

　2030年社会を支える生徒が、これから先自分のこととして考え続けなければならない課題であり、SDGs を意識しながら持続可能な社会の形成という視点で深く考えることができる。

　写真やカカオ農園での児童労働の現実から、国際社会の問題を解決するためにはどうしたらよいのかを考えることを通して、今自分は何ができるかを考え、全人類の幸せに貢献しようとする態度を育てる。また、簡単に答えの出ない道徳的問題を考え続けようとする態度を養う。

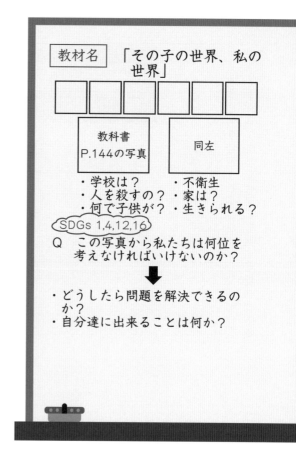

本時の展開 ▷▷▷

1 学習課題を設定する

必須発問①
何故この様なことになっているのか。
私達はここから何を考えなければいけないか。

　始めに4枚の写真を見ながら意見を交流させ、SDGs の17項目を提示して関連を考えさせる。各写真に多くの関連項目があり、課題の大きさに気付くようにする。p147を読み「何でこんなことになっているのか」「自分たちは何を考えなければいけないか」を小グループで考え、全体で意見を交流し、中心発問へとつなげる。中心発問が生徒から出る可能性もある。

　本来2時間扱いの単元を1時間にしたため、2時間扱いではここまでを1時間とし、グループ活動を工夫したりして意見交流を深める。

2 共通解を考える

中心発問
どうしたらこの問題を解決できるのだろうか。
SDGs の項目を意識しながら考えてみよう。

　詩を読み感想を聞き、発問①で「私たちの考えるべきこと」で出た意見を総合し中心発問として「その解決方法」を考える。カカオ農園の児童労働を中心に、関連する SDG の項目を意識しながら考えるようにする。共通解を導くために、ホワイトボードを活用し、意見を共有しながら全体で更に考えていく。話合いを進める中で、問題の解決には、自分たちの情報量が少ないこと、知ることが大切であることに気付けるようにする。安易に募金や、いらない洋服を送るで、終わらないようにする。

学習課題　全ての人が幸せになるためには？

□ □ □ □ □ □ □ □ □ □　　SDGsのパネルを並べてもよい

教科書
P.145の写真　　同左　○○○　それぞれ
SDGsの何番と
関係がある？

・何で難民に？　・学校は？
・どこの国？　　・何で子供が？　SDGs 1,4,9,10,12,16
SDGs 1,10,16　・チョコレートのため？

共通解

Q　どうしたらこの問題（カカオ農園での問題」）を解決できるのか？

・大人が働けばいい。
・知らないことが多すぎる。
・知ることが大切。
・考え続けること。
・簡単には解決できない……。

Q　今の自分たちにできることは何か？

・情報を集める。
・世界の問題を知る。
・日本は関係ないと思わない。
・2030年の世界を支えられるように勉強する。
・身近な所から始める。
・食料を無駄にしない。

Act locally Think globally

3 納得解と向き合う

必須発問②
今の自分には何ができるのかを考えよう。

　これまでの話合いを通して、問題の解決には何が必要か（共通解）を確認し、国際社会は複雑に多くのことが絡み合い、答えはすぐに出ないが、それでも考え続けることが人類の平和に繋がることに気付くようにする。その上で2030年に自分たちが支える社会や世界のために、今の自分には何ができるのかを具体的に考えて書く。また、各自が関連すると考えたSDGsの項目について調べることを宿題にし、自分事としてこれからも考え続け、更に問題を深く考えるようにしていく。

よりよい授業へのステップアップ

SDGsについて自分なりに考える

　SDGsについて日頃から関心をもつことが大切である。日頃から考えることで、道徳科と他教科等で学んだことがつながり、考えが深まったり、話合いでも、事前に知識があるのとないのでは思考の深まりに大きな差が出てくる。
　以下は取り上げ方の例である。
・SDGsについて各自で調べレポートにして、ファイルに入れておく。
・クラスで1つSDGsの項目を選び、各自で具体的な例を調べる。
　朝や帰りの会などで発表し、情報を共有し、知識を増やすようにする。

余命ゼロ　命のメッセージ

主題 支え合う命

D ⑲生命の尊さ

本時のねらい

　余命1年半の宣告を受けた渡部氏の生き方を通して、生命の尊さに迫る教材である。この教材では、個々の生命のかけがえのなさについて理解を深めていること、また生命についての連続性や有限性だけではなく、社会関係性や他の生命との関係性などの側面から、生命の尊さをより多面的・多角的に捉え、理解できるようなねらいがある。渡部氏もあと1年半の宣告を受けた直後は、「死にたい」と思っていた。しかし妻の言葉から自分が生きていること、他者が生きていることの尊さと重さ、生命は唯一無二の存在であることを深く理解し「生きる決意」への思いが強くなっていった。このような渡部氏の生き方をとおし、生徒にも自他の生命を尊重する道徳的態度を育成する。

教材名

「余命ゼロ　命のメッセージ」

学習課題

命や生命を支えているものにはどんなものがあるだろうか？

余命一年半と言われたら・・・

不安、絶望的、恐怖

投げやり

教科書範読前と範読後も記載

挿絵

本時の展開 ▷▷▷

1 学習課題を設定する

必須発問①
前向きに生きていくとはどのような生き方なのだろう？

　導入として、「余命1年半」と宣告されたらどのようなことを思うのかを発問する。生徒はまず自分自身の命と向き合うことになる。今まで一生懸命生きてきたとすると、絶望的、不安、恐怖、残酷等の思いがあることを共有する。そのうえで範読し、渡部氏も同様の思いだったことを「余命1年半」の受け止め方を深める。渡部さんの思いから、さらに「投げやりになる」等の思いが出ることが考えられ、板書に加え、前向きに生きていけるような状況が難しいことを確認していく。

2 共通解を考える

中心発問
余命1年を宣告された渡部さんを支えていたものは何んだろう？

　まず妻からの言葉を渡部氏がどのように捉えたかを多角的に考えさせる。周りの人々から支えられていることに気付き、自分の考えを反省し、それが「決意」へと変化する。この決意を考えることが中心発問になる。渡部氏の心情も述べられているが、書かれていること以外にも、どんなことを思っていたのかを生徒には考えさせる。生命の有限性や、連続性について今一度生徒に考えさせるとともに、他の内容項目とも関連を図りながら、生命尊重に生徒の思考がつながる発問としたい。

妻の言葉

・辛いのはじぶんだけではない
・心配してくれる人がいる
・自分は支えられている

挿絵

私の
出番

決意

共通解

渡部さんを支えていたものは？

悲しんでいるには
手を貸してほしい
（社会参画）

人のために尽くし、
お返しをするぞ
（感謝）

精一杯生きるぞ
（強い意志）

つらさや苦しみに
負けないでほしい
（社会正義）

・自分の大切な命を粗末にしないことを分かってほしい　・生きたくても生きられない人にできることをする　・自分の分までみんなみは生きてほしい（生命尊重）

「思い出してください」
「そんな軽い命なら私に下さい」

3 納得解と向き合う

必須発問②
渡部さんは「生きる」ということをどのように捉えているのだろう？

　渡部さんの生き方を通し、生徒が前向きに生きることについて多面的に考える問いである。「〇〇するように生きる」等の言葉を使うと答えやすいと考える。精一杯生きる、支えられていることを忘れず生きる等の考えを共有する。また、渡部さんの「そんな軽い命なら私にください」の捉え方を考え、その言葉の重みも生徒には考えさせていく。「私の出番じゃないか。」等渡部さんの姿勢には命を輝かせて未来へつながるため、生き方になっていることも生徒と共有していく。

よりよい授業へのステップアップ

教師は主題の意味を考える

　命は自分のもので、唯一無二の存在であることを、小学校のときから学んでいる。しかしそれだけではない。この教材の特徴は、支え合う命にある。主人公の渡部さんもこのことに気付き新たな生き方ができるようになった。それは渡部さんの表情からも理解できる。言葉だけで伝わりづらい生徒には、教科書の挿絵等を使いたい。妻の言葉の前後の渡部さんの表情の違いを視覚的に生徒に捉えさせながら、中心発問に向かう授業構成で進めていきたい。

余命ゼロ　命のメッセージ

教材名　　　　　　　　出典：光村

命の選択

主題 「尊厳死」について

D (19)生命の尊さ

本時のねらい

　生徒たちは１年生のときから、様々な教材を通して「生命の尊さ」について考えてきた。「命」がかけがえのないものであり、とても大切であることはだれもが疑う余地のないことである。ただ、当たり前すぎて「なぜ大切なのか」についてはなかなか考えが及びにくい。

　本教材は、延命措置を望んでいなかった祖父に、苦しむ祖父をそのままにできないと延命措置を了解した家族が、本当にそれでよかったのかと迷う姿が描かれた読み物と、「尊厳死」を巡る新聞への投稿で構成されている。

　祖父の望みを尊重できるか、できないかについてその根拠を考えグループで共有することで、「命の大切さ」について多面的・多角的に考える態度を養う。

本時の展開 ▷▷▷

尊重できる
・一生終える・つらい・長く
　生きてほしい・悔いがなけ
　れば・苦しむ姿見ると・・
・自殺と同じ・まだ望みあり
・あきらめないで

尊重できない
・自分だけがもっている大切なものだから
・自分で決めることができる最初で最後だから

共通解

1 学習課題を設定する

必須発問①
「命の大切さ」についての根拠を問う。どうして大切だと言えるのか。

　主題である「尊厳死」という、生徒にはなじみの薄い概念に迫る切り口として、今までの道徳授業で繰り返し考えてきた「命の大切さ」について、その根拠を問うことで、現時点での個々の考えを引き出したい。

　そうすることで、「尊厳死」という賛否が分かれる考え方の基礎となる「命」がもつ様々な側面に触れることにつなげたいと考えた。授業の最初と最後で同じ発問を設定することで、生徒の考え方がより広がったり、深まったりすることが期待できる。

2 共通解を導き出す

中心発問
尊厳死を望んだ祖父の考えを尊重できると思うか、できないと思うか。

　「延命措置はしないでほしい。」という祖父の望みと向き合い、いろいろな悩んだ末「延命措置」をお願いすることを決めた父母を踏まえ、より自分事として考えられるように「尊重できる」か「尊重できない」かという二項対立で考えさせる。

　小グループでの意見交換では、ホワイトボードを二分割し、２つの考えの根拠を「見える化」することで、両者の考えの違いを際立たせる。すべてのグループに発表の機会を与え、ポイントを板書し、整理していく。

教材名 「命の選択」

テーマ 「『尊厳死』について考える」

場面	祖父の望み・状況	父母の思い・行動	医師
祖父がん肺がんに。胸が痛く肺に酸素が入らなくなる。	「延命措置はしないでほしい。」	・苦しそうな祖父を見て悩む父母 ・痛みから救いたい。 ・少しでも長く生きてほしい。 ・症状が改善するかもしれない。 ・延命措置をしないというのは、祖父が家族に迷惑をかけたくないからかも。	・人工呼吸器を提案。
「命の選択」の場面	静かに眠っている。	・人工呼吸器に同意。 ・「おじいちゃん、ごめんよ、ごめんよ。」	
病院からの帰り道		・選択を振り返り、迷う。 ・「父さんも、わからなくなった…。どうすればよかったんだろう…。」	

学習課題
あなたは、「命」はどうして大切だと思いますか。

☆あなたは、尊厳死を望んだ祖父の考えを尊重できると思いますか、できないと思いますか。

・一度失ったら、同じものは二度と得られない。
・世の中に一つしかなく一生がある。

尊重できる
↓
・人の人生に物申す　おかしい
・覚悟を尊重・決めたこと
・望むなら・死なせてあげたい
・決める権利あり
・最後は自分で

3 納得解と向き合う

必須発問②
あなたは、「命」はどうして大切だと思うか。理由も書きなさい。

終末に、冒頭の必須発問①と同じ発問をし、さらにそう考える根拠を問うことで、「尊厳死」を扱った本教材を通して、改めて「命」について向き合う時間を設定する。

「命はなぜ大切なのか」について、「一回限りだから」や「かけがえのないものだから」といった理由だけでなく、「自分だけのものではない」といった周りの人たちとの関わりについて気づかせるとともに、自分事として心に落とし込んでいく時間を十分に確保することで「命」という重いテーマと向き合わせたい。

よりよい授業へのステップアップ

2つの考えの「見える化」を

今回2つの考えのどちらかを選ぶ発問であったので、考えを対比しやすくするために板書内で2つの考えを対置することにした。中央に縦ラインを引き、右に「尊敬できる」という考え、左に「尊敬できない」という考えを要点的に書いていく。

そうすることで、双方の意見が一目瞭然になり、授業後も教室内に掲示することでじっくりと考えに触れることもできる。

海とストロー

主題 人間と自然との関わり

D ⑳自然愛護

本時のねらい

　マイクロプラスチックの脅威を知った菜月を通して、知らないうちに人間の日常生活が自然に脅威を与えていること、それが人間へも脅威となっていることについて考え、自然環境を大切にする意義と進んで自然を愛護していくことに努め、よりよい生き方について考えを深めていく教材である。生徒は、自分たちが自然環境を守らなければならないことや自分だけが努力してもそれを実現することは難しいことも理解している。しかし、具体的な知識については乏しい生徒も多く、考えるために必要な説明や補助資料を随時提示し、菜月へ自我関与させながら多面的・多角的に考えさせたい。自分たちが進んで自然を愛護していくよりよい行動を大切にしていこうとする道徳的な心情を育む。

教材名
「海とストロー」
教科書
P.113の写真

学習課題

自然を守るということは、自分たちがごみを分別して出すだけではだめなのだろうか？

だめではない
・確実に減らせる
・まず自分がやらないと変わらない
・プラスチックなしでは生活できない

だめ
・生活で使うプラスチックの量を減らさないと意味がない
・たくさんの人がポイ捨てしている
・日本だけでなく世界中の問題だから自分一人ではどうにもならない
・ゴミ捨て場でも散乱している
・海や川、森などのゴミ拾いをする
・地域のゴミ拾いに参加する
・マイクロプラスチックは回収困難

本時の展開 ▷▷▷

1 学習課題を設定する

必須発問①
自然を守るということは、自分たちがごみを分別して出すだけではだめなのだろうか。

　導入で、プラスチックごみの環境破壊についてどの程度知っているかを把握し、必要な説明や資料提示をしながらより深く考えていけるようにする。ごみを分別している家庭は多く、自分からやっている生徒もいるが、そこまで意識して行動していない生徒もいる。まずは自分が分別して捨てることから「小さな一歩」が始まるという思いを大切にしたい。同時に「それだけでは現状は大きく改善しない」こともわかっているので「だめ」という意見も多く出てくる。理由を聞きながら共通解へとつなげたい。

2 共通解を考える

中心発問
私たちの生活に欠かせないプラスチック、私たちにできる「よりよい一歩」はどんなことだろう。

　日常生活にプラスチック製品は欠かせないことを確認し、「プラスチックを使わない」等の掛け声発言の授業で終わらないよう、発言を多面的・多角的に吟味しながら議論を展開させたい。自分たちがよりよい生活をしていくこととその影響から自然を守ることの両面から見つめ、自分が実際にできる「よりよい一歩」を考えていくということは生徒にとって難しいが、これからの未来を担っていくのに必要な学びである。教師は生徒の実態を踏まえ、一緒に考えながら適切は問い返しや展開をしていきたい。

教科書 P.114の図等	よりよい一歩

よりよい一歩

地域 の人	家族 友達	まず 自分	知り 合い	多く の人

調べ・理解し・伝え・輪を広げる

私たちの生活に欠かせないプラス
チック、私たちにできる「よりよ
い一歩」はどんなことだろう?

・まず自分が分別してきちんと出せば害を確実に減らせる一歩となる
・家族や友達、知り合いにも伝え、分別して出す人を増やしていく
　学校祭の展示や総合で調べて伝える ⇔ 知るともっと自覚が生まれる
　⇔ 地域の人や多くの人にごみを捨てない大切さを知ってもらえる
　⇔ ポイ捨てをする人を一人でも減らせる ⇔ 掲示板を作ってもいい
・今の生活にプラスチックは必要 ⇔ 無駄や必要ないなものは減らせる
　⇔ 必要で使ったものは責任をもって分別し捨てる
・地域のゴミ拾いに参加する ⇔ 参加するのは難しい ⇔ 道端や海岸の
　ゴミを拾って捨てられる人になりたい ⇔ 勇気がいるけどいいと思う

共通解	自然を大切にできるのは自分たちという意識をもつ

3 納得解と向き合う

必須発問②
私たちが自然を大切にしながら生きていくために
は、どんな姿勢を大切にすべきだろう。

　生徒は自然や環境を守るための様々な課題
が、プラスチックと同じようにあることも知っ
ている。学びを生かして、これらの課題に自分
がどう向き合っていけばよいかを考えさせた
い。「問題を知ること・日常でできるよりよい解
決を考えて多面的・多角的に見つめる・実行で
きる活動」「自分、身近な人、他の人、社会へ
という輪を広げる」等々で考え合いながら整理
してもいいし、各自が考えを記述してもよい。
それらの課題解決に向かって、より積極的に取
り組んでいこうとする道徳的な心情を育みたい。

よりよい授業へのステップアップ

教師は主題の意味を考える

　自然愛護と日常生活の利便との対比
の中で、自分たちのよい行動は単純に
答えを出せるものではない。生徒と一
緒に出てきた考えを多面的・多角的に
吟味し、見つめることが大切である。
さらに、生徒には、自分だけが努力し
ても変わらないという考えにとらわれ
ず、自分の小さな一歩を広げていけば
より大きな一歩につなげていける、よ
りよい行動を自分が受け継ぐこともよ
り大きな一歩となっていくという希望
ももたせ、主体的に取り組んでいこう
とする心情を育んでいきたい。

教材名　　出典：東書・教出（2年）

ハッチを開けて、知らない世界へ

主題 神秘の世界との出会い

D ㉑感動、畏敬の念

本時のねらい

　中学3年生では美的な情緒がより豊かになり、音楽や絵画などの芸術的な作品や世界遺産、自然や神秘的なものに感動し、自ずと畏敬の念を抱く。そして、それらに関心が高まり、インターネットなどで情報を収集して教科等横断的な学びを主体的に行う生徒も少なくない。

　本時では、宇宙飛行士の野口聡一さんが宇宙にたどり着いて感じたことや考えたことを知り、地球と対等な一対一の存在になったときの思いを考えることを通して、感動する心を大切にし、人間の力を超えたものに対する畏敬の念について深く考えていこうとする態度を育てる。また、これらのことは日常の生活やこれからの生き方をより豊かなものにすることにも気付かせる。

テーマ：神秘の世界との出会い

| 教材名 | 「ハッチを開けて、知らない世界へ」 |

| 学習課題 | 初めて未知の空間へ泳ぎ出した野口さんはどんなことを感じたのだろう。 |

宇宙飛行士　野口聡一さん

自分に何が起きるのか

宇 静けさ　命が存在しない　危険
↕
地 命の存在

・人にはできない体験をした
・どれほどの感動
・地球という生命体
・自分の存在

「ぼく」と「地球」
1対1の存在

本時の展開 ▷▷▷

1 学習課題を設定する

必須発問①
初めて宇宙空間へ泳ぎ出た瞬間に野口さんが感じたことから、どんなことを考えますか。

　導入において、美しいものなどとの出会いにより感動した経験を振り返らせ、自由に発表させる。また、教材の内容は、体験したことのないものなので、自分事として考えることは難しいところもある。そこで、写真や映像を活用し、生徒が野口さんの体験に思いを寄せることができるよう工夫する。

　範読後、自由に感想を発表させる。その中で、「ぼくと地球は、宇宙に浮かぶ一対一の存在だった」という言葉に焦点を当て、**2**の場面の発問につなぐ。

2 共通解を導き出す

中心発問
野口さんにとって、「宇宙という場所」はどのような場所であったのだろう。

　地球と一対一の存在となったときに感じたり考えたりしたことについて、教材から読み取れる内容を整理し、黒板に提示してから考えさせる。個人で考えた後、グループで話し合わせる。「はるか昔からずっと息づいている美しい地球の存在に気付いた場所」などの意見に対し、有限な人間の生命の尊さに触れたり、「地球に息づく様な生命の大切さに気付けた場面」などの意見に対し、人間は自然の中で生かされていることを確認したりすることで、人間の力を超えたものに対する畏敬の念を深めさせる。

・地球が友達
・何もかもが地球の中にある
・自分も宇宙を構成する一つ
・美しい地球　生命観

感動したこと
・オリンピック
　全力で戦う姿
　金メダル
　ゴール
・本
・映画
・部活　大会

◎野口さんにとって「宇宙という場所」

気付き・地球上にある命
　　　　　　美しさ、大切さ
　　　・自然の中で生きている
　　　　　　生かされている
　　　・限りある人間の命
　　　　　　↓
　　　　宇宙・地球の命の長さ
夢・みんなに伝えたい
　・生きている実感　感謝

大切にしたい
守りたい
何ができるか
精一杯生きる

宇宙の広さ
自然の偉大さ
感動する
　↓
人として成長

D

主として生命や自然、崇高な
ものとの関わりに関すること

3 納得解を考える

必須発問②
教科書にある写真をもう一度見てみよう。改めて
どんなことを感じますか。

　時間を十分に確保して自分の思いと向き合わ
せ、考えをノートに書かせる。特に、「地球の
存在を考えたとき、人間の存在が小さなものに
感じた。自然に生かされていることに感謝した
い。」など、畏敬の念の深まりを感じる意見を
発表させる。また、「地球温暖化などの環境問
題にも取り組んでいきたい」など新たな課題を
見出す意見や、「地球の美しさに改めて気付く
ことができた」などの意見に対し、美しいもの
に感動することで、日々の生活やこれからの人
生が豊かになることにも気付かせたい。

よりよい授業へのステップアップ

**写真や映像を活用し、深く考えさ
せる**

　空気がなく無音の宇宙空間や、そこ
で野口さんが感じた本能的な危機感を
体験したり想像したりするのは難し
い。そこで、教材に掲載されている写
真の提示を工夫したり、宇宙飛行士が
宇宙ステーションで作業する様子な
ど、インターネット等の映像を活用し
たりすることで、野口さんの体験につ
いての理解の促進につなげる。教材へ
の関心を高めさせ、野口さんの思いに
寄り添って考えさせる工夫により、生
きた授業の展開が期待できる。

ハッチを開けて、知らない世界へ
099

風に立つライオン

主題 自分の生活を見つめ直す

D ㉒ よりよく生きる喜び

本時のねらい

　本教材は、歌手さだまさしさんが、敬愛する医師、柴田紘一郎さんのアフリカ・ケニアでの体験をもとに書き上げた歌の歌詞である。

　アフリカで巡回医療に従事する青年医師が主人公。厳しい環境の中でも、大自然と純粋な人々の命と真摯に向き合う充実した日々。3年目のある日、日本に残してきた恋人から結婚を知らせる手紙が届く。彼は、新しい人生を踏み出そうとする彼女の幸せを心から祈り、自分の生き方を改めて振り返る。

　「辛いけれど幸せ」だと語り、前を向き崇高な志で生きていこうとする主人公の姿は、自分の弱さや醜さと向き合い、それを乗り越えて強く気高い生き方を見出すことをねらいとする「よりよく生きる喜び」そのものと言える。

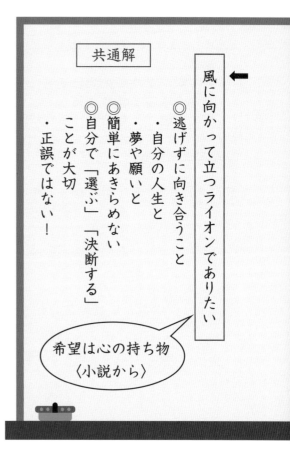

板書例：

共通解

風に向かって立つライオンでありたい
◎逃げずに向き合うこと
・自分の人生と
・夢や願いと
・簡単にあきらめない
◎自分で「選ぶ」「決断する」ことが大切
・正誤ではない！

希望は心の持ち物
〈小説から〉

本時の展開 ▷▷▷

1 学習課題を設定する

必須発問①
自分が何か大きな決断をするとき、決め手になるのはどんなことだろう。

　中学生はまだ、人生を左右するような決断を経験した者は多くないと思われるが、部活動や受験など身近なこととの関連で考えさせる。自由に意見を出させ、この後の主人公の生き方を考える伏線とし、学習課題につなげる。

　実感をもって考えていくために、歌のモデルとなった柴田さんを紹介し、ケニアの医療の現状や柴田さんの活動の様子を知らせる。

　イメージを膨らませるためにも、全曲は9分と長いが楽曲を聞かせたい。ケニアの自然の映像が伴う動画なら、更に効果的である。

2 共通解を導き出す

中心発問
「風に向かって立つライオン」とは、どんな生き方をいうのだろうか。

　展開ではまず、主人公の「辛さ」と「しあわせ」を考える。過酷な環境や不十分な医療体制へのもどかしさがあっても、それを超える充実感と人々との出会いに幸せを感じている「僕」の姿を対比的に捉えさえる。ここを丁寧に扱うことが、中心発問を深めることにつながる。

　中心発問については、グループ交流を挟んで多様な意見を吸い上げたい。タブレット等を活用して全員の意見を集約してもよいだろう。

　最後に、柴田さんが好きだという小説版（映画版）の主人公のセリフを紹介する。

しあわせです

◎夢を実現することができた
・怪我人を治したい
・アフリカに行きたい
・達成感、充実感
◎素晴らしい出会い
・人々の美しさ
・自然
◎生き方を見つめ直した

◎過酷な環境
◎貧しい国の現状
◎不十分な医療環境
・救いたくても救えないことも
◎大切な人々に会えない

辛くないと言えば嘘になるけど

大きな決断!

決め手は?
・好きか、嫌いか
・本気かどうか
・後悔しないかどうか

学習課題
よりよい生き方をするために大切なことってなんだろう?

教材名
「風に立つライオン」

3 納得解を考える

必須発問②
あなたは、「風に向かって立つライオンでありたい」という生き方をどう思うか。

　幸せの形は人によって違ってよいのだが、主人公のように逆境に飛び込んでいく生き方もまた崇高である。そのことをしっかりと受け止めながら、進路を目前にした3年生として、自分はどんな生き方を選択するのかを考えるきっかけとさせたい。「自分とは違う」という視点は当然ありうるが、「自分にはできない」という否定で終わるのではなく、そうなるためには何が必要か、また、自分の思う幸せのためにはどんな風に生きていきたいかなど、未来への展望を大切にした形でまとめさせたい。

よりよい授業へのステップアップ

深く考えるための副教材の活用を

　教材となった歌詞は、事実を基にしたフィクションだが、ここから様々な作品や活動が生まれている。東日本大震災につながるストーリーで書き上げられた小説、映画。公益財団法人「風に立つライオン基金」の設立、更に「高校生ボランティアアワード」の創設と、その願いと活動は多方面に広がっている。

　また、柴田さんのインタビューもインターネットで複数見付けることができるので、学びを深める材料として大いに活用したい。

教材名　　　　　　出典：教出

カーテンの向こう

主題　**気高い生き方**

D ⑫ よりよく生きる喜び

本時のねらい

　すばらしい人の人生に触れると、憧れと同時に諦めを併せもつことが多い。中学生はどんな人にも弱い自分があり、それを克服したいと願う心があることを理解できる。さらに、自分もよりよく生きたいと思い始める時期でもある。

　主人公の私は、寝たきりの重症患者の病室で２番目に古い患者だった。窓際のベッドにいるヤコブが話す外の様子だけが、みんなの希望だった。ヤコブが死んで、窓際に移った私がカーテンから見たのは、冷たい壁だった。

　真実を知る前、知った瞬間、これからの３つの「私」の心の揺れを、自分ならという視点で考え、可視化して話し合う。場の設定を工夫し臨場感をもたせて、窓際を譲らなかったヤコブの思いにも触れ、自分の生き方を考えさせる。

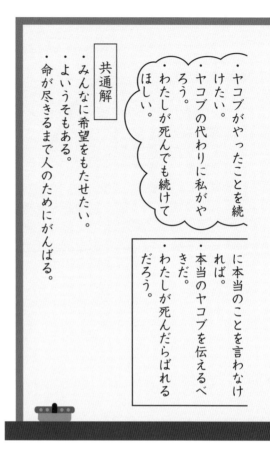

本時の展開 ▷▷▷

1 学習課題を設定する

必須発問①
カーテンの向こうを見たとき、あなたは何を考えたか。

　重症患者だけの病室に入ったとき、ヤコブの話を聞くとき、周りのみんなが亡くなっていくとき、ヤコブが死んだときの私の気持ちを心情曲線で可視化する。テキストマイニングツールを活用してもよい。自分の心の明暗を確認して、夢にまで見ていたカーテンの外の真実を知った時の私の気持ちを、自分の言葉で話し合う。その上で、ヤコブの真の姿を初めて知り私が何を感じ、何を思ったのか、どうしてヤコブは嘘をついていたのか等、多面的・多角的に考えて話し合うことで、学習課題に繋げる。

2 共通解を考える

中心発問
窓際のベッドに移ったあなたは、これからどうするか。

　周りから冷たい人間だと思われても、死ぬまで嘘をつき通したヤコブをどう思うかを尋ねてから、中心発問を問う。ヤコブの行動を肯定的に捉え、自分も同じようにしようと思う生徒と偽善だと否定する生徒とがいる。ノートなどに理由を書かせ、両方の立場から考えを述べ、議論する。一方の立場に偏ることも予想されるので、切り返しの発問や揺さぶりの発問で議論をかき混ぜる仕掛けをする。多様な考えや価値観に触れることで、これからの自分を考え、自分たちなりの共通解に辿り着くことができる。

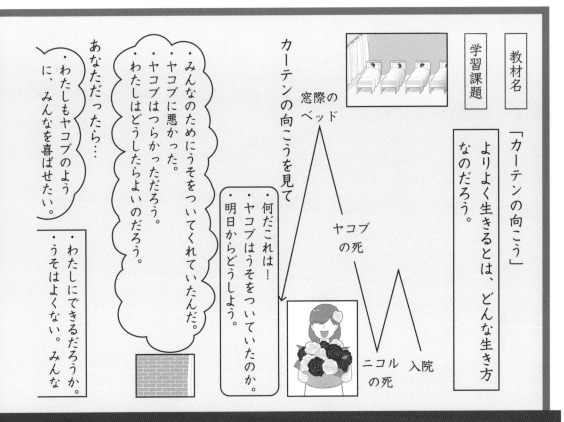

3 納得解と向き合う

必須発問②
誇りをもってよりよく生きるためには、どうすればよいのだろう。

ヤコブの生き方はよい生き方だったと思うかと問い、自分が描く「よりよい生き方」を想像させる。「あなたがよりよく生きるためには、どんなことを大切にしていきたいか。」と問い中学3年生なりに自分の生き方に目を向けさせる。共通解で描いたイメージを自分の納得解に落とし込む生徒もいれば、自分が理想とする人物の生き方を、自分の納得解として導き出す生徒もいる。一人一台端末を活用して、意見を共有するなど、多くの生徒の考えに触れさせながら、自己内対話を深めさせたい。

よりよい授業へのステップアップ

臨場感と緊張感のある板書

国も時代も異なる設定の教材であり内容を身近に感じることが難しい生徒もいるだろう。病室の情景やヤコブの話す情景の絵を活用して、教材の内容を理解しやすくする。また、主人公の心情の変化を可視化するために、生徒と共に心情曲線を描くと、主人公の心情に寄り添いやすくなる。思考ツールを活用して、主人公、ヤコブ、他の患者たち、それぞれの立場の思いに触れて最後の場面に臨むと、より深い納得解が期待できる。教材を切って提示しても、心を揺さぶる展開が期待できる。

4

特別支援学級における
道徳科授業の展開

特別支援学級における道徳科授業のポイント—個別の支援に徹する

　特別支援学級では、生徒の実態に合わせて教育課程を編成することができる。生徒の実態が「自己を見つめ、物事を多面的・多角的に考え、自己の生き方について考えを深める」という道徳科の特質を踏まえた授業が実施できる場合、通常の学級のように道徳科の授業時間を設置する。これは特別支援学級において各教科や道徳科等の授業時間を設ける「教科等別の指導」と呼ばれる指導の形態となる。

　特別支援学級で、通常の学級のように道徳科の授業時間を設置した場合、留意すべき点がある。それは、特別支援教育で原則となる「個に応じた指導」を常に念頭に置き、生徒に合わせた授業を実施する必要があることである。特別支援学級の生徒が抱える障害の特性や実態は様々であり、複数学年が在籍することも多いからである。ここでは、次の3つの視点から述べる。

1 「生徒の実態に合った教材」を使用する

　道徳科授業では、特別支援学級の生徒に適した教材を使用する必要がある。中学校の教科書教材には、生徒が理解するには文章が長すぎるもの、内容が複雑なもの、実感をもって考えづらいものもある。生徒が理解できない教材であれば、授業は成立しない。

　特別支援学級では、生徒の実態に応じて下学年の教材を使用することもできる。中学校教科書だけではなく、小学校教科書を使用することもできる（本時案に学年を記載）。

　道徳科授業では、教材理解に時間をかけずに、教材をもとにして本当に考えたい問題に時間をかけて取り組みたい。また、生徒の姿をイメージしながら、実態に応じた適切な教材を選択したい。

2 「個に応じたねらい」を明確にする

　特別支援学級の生徒が抱える障害の特性や状況は様々である。生活体験も生徒個々によるばらつきも大きい。同一学級に複数の学年の生徒が在籍していることも多い。こうした状況を踏まえ、道徳科授業では、生徒個別の道徳性の育成を目指すことが大切となる。

　道徳性とは、道徳的判断力、道徳的心情、実践意欲と態度を指す。通常の学級の道徳科授業では、一律に同じ道徳性がねらいとされるが、特別支援学級では、生徒に応じてねらいとする道徳性を設定する必要がある（本時案で「※」と記載）。

3 「個に応じた具体的な支援」を明確にする

　道徳科授業が成立するためには、生徒が抱える個別の困難さを理解し、授業の中での具体的な解決方法を考え、支援していくことが必要となる。生徒の実態を考え、子供たちに合わせた授業を構想するのである。この個別の支援に徹することで、特別支援学級での道徳科授業が成立させることができる（本時案で「◆」と記載）。

①文章を目で追うことが苦手な生徒
○本文を指でなぞりながら文章を読む。
○介添員さんが文章を指で指し示しながら一緒に確認しながら読む。
○文字を拡大した教材や、分かち書きした教材を準備する。

→言葉や話のまとまりで分かち書きをすると理解しやすいものになる。

資料1　表情絵

②場面イメージを想像するのが苦手な生徒
○教科書のさし絵を拡大して掲示する。
　→集中力が持続できない生徒が、黒板のさし絵を見に行き気分転換を図ることもできる。
○事前に教師が登場人物となり教材での考えるポイント部分を演じた映像を作成する。
　→映像の登場する人物が知っている教師であることから生徒の興味が引かれる。

③取り組むことが分からなくなってしまう生徒
○取り組む学習内容を文字で黒板に掲示する。
　→黒板に「考える」という文字を掲示して本時で一番考えてほしい内容を明らかにする。
○取り組んでいる内容を随時黒板にマークで示す。

資料2　短文カード

④感情理解が苦手な生徒
○教科書のさし絵を拡大して掲示する。
　→登場人物の表情から、登場人物の心情をつかみ取りやすくなる。
○動作化などの体験活動を行う。
　→体験後に生徒は様々な思いを感じる。スキル習得のための体験にしてはならない。
○感情を表したイラストの「表情絵」（**資料1**）を活用して感情を理解する。
　→「表情絵」を見ながら、登場人物の気持ちを理解していく。

⑤常に発言をしてしまう生徒
○発表者にはマイクなどの小道具を渡す。
○発表のルールを掲示し、必要に応じて確認する。

⑥感情表現が苦手な生徒
○感情を表したイラストの「表情絵」を活用する。
　→自分の気持ちに合う「表情絵」を選び、それを見ながら自分の気持ちを文字化できる。
○書き消ししやすいホワイトボードを活用する。
　→ホワイトボードを自席で記入し、黒板に掲示して発表できるようにする。
○「短文カード」を活用する（**資料2**）。
　→「短文カード」から行動や気持ちを選び、言語化の手助けにする。黒板やホワイトボードに掲示することもできる。
○口答を拾い上げて言葉をつなぐ。

特別支援学級における道徳科授業のポイント―個別の支援に徹する

教材名　　出典：東書（小学校6年）

お母さん、お願いね

主題 自分の生活を見直す

A⑵節度、節制

本時のねらい

　日々の生活の中で節度を守り、節制を心掛けることは、充実した人生を送る上で欠かせない。しかし、自らの欲望で行動してしまい、様々なものに悪影響を及ぼす結果をまねいてしまうこともある。将来の自立した生活を見据え、欲望や甘えをコントロールすることが大切だということに気づかせたい。

　本資料は、翌日のお出掛けの準備を母にお願いし、夜更かしをして寝坊し、起こしてくれなかった母をなじるという内容である。主人公に自分を重ねて考えることができる。

　自立を意識して自分の生活を見直し、節度を守り、節制を心掛ける態度を育てる。

※**全体としての本時のねらいは示すが、ねらいとする道徳性を個に応じて設定したい。**

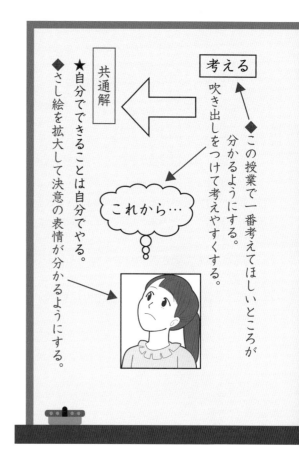

本時の展開 ▷▷▷

1 学習課題を設定する

必須発問①
家でいつもやってもらったり、ついお願いしてしまうことはあるか振り返ろう。

　教材の内容に沿って、朝いつも自分で起きているかを問うことから始める。その後、普段自分でできていることや、いつもやってもらっていることなど、自分自身の生活を振り返りながら学習課題へとつなげる。生活の振り返りには、生徒が書き消ししやすい発表用ホワイトボードを活用する。上下2段に分けて、上段には必須発問①の自分の生活を振り返って個々の記録を記入する。下段はまとめの際に使用するので空けておく。黒板に掲示することで展開部を考える上での参考にもなる。

2 共通解を導き出す

中心発問
どんな生活を心掛ける必要があるのか考えてみよう。

　教材の「わたし」のわがままをおさえる。視覚的に理解しやすいように、「わたし」を中心として黒板にまとめる。次に、このまま大きくなったら「わたし」はどうなってしまうのかを考える。

　「わたし」のわがままについて、しっかりと押さえた上で、どんな生活を心がける必要があるのか考え、自分の意見を持てるようにする。挿絵を利用し、吹き出しをつける。吹き出しに入る「これから…」に続く言葉を考えることで共通解へとつなげる。

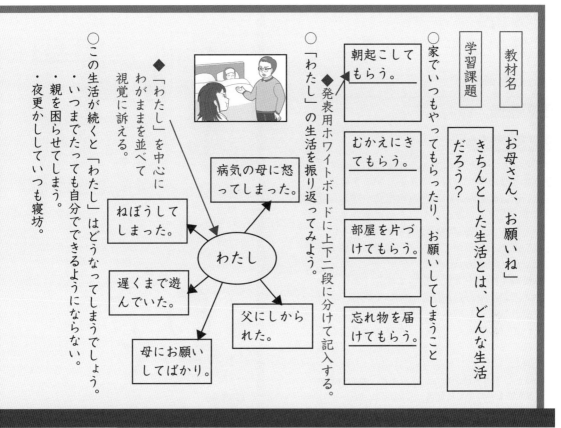

「お母さん、お願いね」

きちんとした生活とは、どんな生活
だろう？

○家でいつもやってもらったり、お願いしてしまうこと

・朝起こしてもらう。
・むかえにきてもらう。
・部屋を片づけてもらう。
・忘れ物を届けてもらう。

◆発表用ホワイトボードに上下二段に分けて記入する。

○「わたし」の生活を振り返ってみよう。

◆「わたし」を中心にわがままを並べて視覚に訴える。

- 病気の母に怒ってしまった。
- ねぼうしてしまった。
- わたし
- 遅くまで遊んでいた。
- 父にしかられた。
- 母にお願いしてばかり。

○この生活が続くと「わたし」はどうなってしまうでしょう。
・いつまでたっても自分でできるようにならない。
・親を困らせてしまう。
・夜更かししていつも寝坊。

---

3 納得解と向き合う

必須発問②
自分の生活を振り返り、これからどんな生活をしていきたいか考えよう。

　終末に、教材の「わたし」と自分自身の生活を比べて考えてみる。「わたし」を通して考えた思いを参考に、自分が最初にホワイトボードに記入した内容を、あらためて振り返る時間とする。そして、このまま続けていくとどうなるのかをイメージしたうえで、発表用ホワイトボードの下段に、自分の生活をどう変えていくのがいいのかを記入する。

　「わたし」が決意したように、自分自身で変わらなければいけないと思う気持ちを大事に、自分事としてじっくり考える時間としたい。

よりよい授業へのステップアップ

◆ホワイトボードの活用…書き消ししやすく、自席で記入できるため、書くことを苦手としている生徒でも、記入しやすい。また、2段に分けて導入と終末で活用することで、考えの変容を視覚的に捉えられる。

◆挿絵の活用…視覚的な情報により、生徒が教材内容のイメージをふくらますことができる。拡大することにより、表情を読み取ることができる。今回は挿絵に吹き出しを付け加えることで、主人公の思いに気付く仕掛けとした。

挨拶は
言葉のスキンシップ

主題　心を形に

B (7) 礼儀

本時のねらい

　人と人との関わりの中で、礼儀は切り離すことのできない大切なものである。相手を尊重する思いが行動となり、そこから信頼や安心が生まれる。将来の自立した生活を考えるうえで、礼儀の基本となるあいさつがなぜ大切かという意義を考えることが、心を伴う真のあいさつにつながると考える。

　本資料では、主人公が職場体験先であいさつに対する思いや行動が変容していく姿を、生徒に実感として感じ取らせ、考えさせたい。

　あいさつの意義を考え、どんなあいさつが心をつなぐものになるか実感することで、実践意欲を育む。

※**全体としての本時のねらいは示すが、ねらいとする道徳性を個に応じて設定したい。**

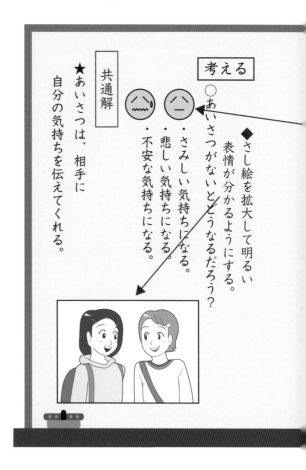

【考える】

◆さし絵を拡大して明るい表情が分かるようにする。

○あいさつがないとどうなるだろう？

〈ー〉
・さみしい気持ちになる。
・悲しい気持ちになる。
・不安な気持ちになる。

【共通解】

★あいさつは、相手に自分の気持ちを伝えてくれる。

本時の展開　▷▷▷

1　学習課題を設定する

必須発問①
あいさつをするときの自分の気持ちを思い出してみよう。

　まず、あいさつをする場面にはどんな場面があるか考えることで、具体的なイメージをもてるようにする。次に、あいさつをするときの自分自身の気持ちに着目する。気持ちを問う内容では、心情を表す心情絵を活用する。心情絵でイメージを捉えることにより、生徒が自分の思いを言語化しやすいよう工夫する。表情絵と板書から視覚的にも分かりやすいよう整理し、あいさつと心のつながりについて触れていく。日常、無意識に行っているあいさつなので、多くの言葉を引き出しながら学習課題につなげる。

2　共通解を導き出す

中心発問
あいさつによって本当に気持ちは伝わるのか考えてみよう。

　店長が大事にしているあいさつはどんな気持ちにさせてくれるものなのか、実際にあいさつを体験しながら感じ取ることができるようにする。また、「私」の職場体験当初のあいさつや、かつての店長のあいさつなど、あいさつをする側だけではなく、あいさつを受ける側を体験して考えることができるようにする。また、体験を見る側の視点で意見を発表し合うことで、より幅広く考えをもてるようになる。最後に、あいさつを返されない場面を考え、あいさつがあることの意味を考える時間とする。

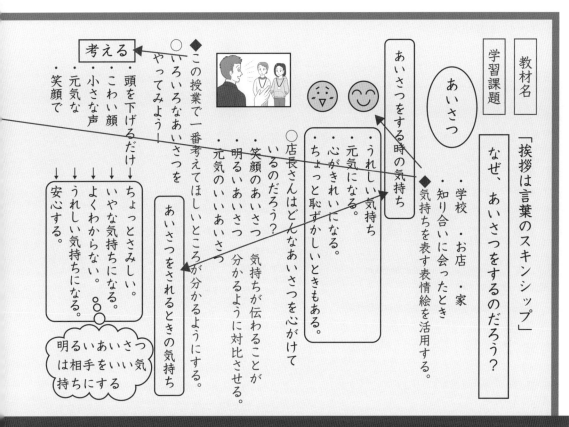

板書例

教材名	学習課題

教材名　あいさつ

学習課題　「挨拶は言葉のスキンシップ」

なぜ、あいさつをするのだろう？

・学校　・お店　・家
・知り合いに会ったとき
◆気持ちを表す表情絵を活用する。

あいさつをする時の気持ち
・うれしい気持ち
・元気になる。
・心がきれいになる。
・ちょっと恥ずかしいときもある。

○店長さんはどんなあいさつを心がけているのだろう？
・笑顔のあいさつ
・明るいあいさつ　　気持ちが伝わることが
・元気のいいあいさつ　分かるように対比させる。

あいさつをされるときの気持ち
・うれしい気持ちになる。
・よくわかる。
・いやな気持ちになる。
・ちょっとさみしい。
・安心する。

◆この授業で一番考えてほしいところが分かるようにする。

○いろいろなあいさつをやってみよう！

考える
・笑顔で
・元気な
・小さな声
・こわい顔
・頭を下げるだけ
↓
・うれしい気持ちになる。
・安心する。
・よくわからない。
・いやな気持ちになる。
・ちょっとさみしい。

明るいあいさつは相手をいい気持ちにする

---

3 納得解と向き合う

必須発問②
自分がこれからどんなあいさつをしていきたいか
考えよう。

　あいさつによって自分の気持ちが伝えられることを踏まえて、あいさつで、相手にどんな気持ちを伝えたいか考える。その気持ちが相手に伝わるように、体験から感じ取った思いを生かして、「目を見て」や「笑顔を忘れず」など、あいさつに一言付け加える視点で【○○○○○あいさつ】と自分なりのあいさつ像をもちやすいように働きかける。自分が考えたあいさつを、終末で実際に実践して、自分自身や相手がどう感じたかをあらためて確認する場面をつくってもよい。

よりよい授業へのステップアップ

◆表情絵の活用…気持ちを考える場面では、視覚的なイメージから考えることで自分の気持ちを表せるような生徒もいる。黒板に掲示して全体で共有しても、必要な生徒の机の上で、個別に活用してもよい。

◆体験の活用…頭の中で考えるだけでは、上手にイメージをもてない生徒もいる。体験を活用することで、実感としてイメージをとらえることもできる。体験から得た思いを、文字化や言語化することで、学びを深めることができる。

編著者・執筆者紹介

[編著者]

田沼　茂紀（たぬま　しげき）　　　　　國學院大學教授

[執筆者] ＊順不同、所属は令和4年2月現在

			[執筆箇所]
田沼　茂紀	（前出）		はじめに、第1章、第2章
櫻井　雅明	群馬県藤岡市立平井小学校校長		父のひと言／出迎え三歩、見送り七歩／好いとっちゃん、博多／好きな仕事か安定かなやんでいる
真壁　佑輔	札幌市立上野幌中学校教諭		三年目の「ごめんね」／早朝ドリブル／鉄腕アトムをつくりたい／一票を投じることの意味
及川　仁美	盛岡市立厨川中学校指導教諭		スマホに夢中！／ゴリラのまねをした彼女を好きになった／巣立ちの歌が聞こえる／風に立つライオン
岡田　多惠子	茨城県稲敷市立江戸崎中学校教諭		がんばれ　おまえ／どうして？／受けつがれる思い／カーテンの向こう
立川　綾	新潟県小千谷市立千田中学校教諭		ぼくにもこんな「よいところ」がある／恩讐の彼方に／花火と灯ろう流し
馬場　真澄	栃木県那須塩原市立黒磯中学校教諭		高く遠い夢／二通の手紙／加山さんの願い／ハッチを開けて、知らない世界へ
若林　尚子	埼玉県川口市立芝中学校教諭		『落葉』―菱田春草／ワンス・アポン・ア・タイム・イン・ジャパン／その子の世界、私の世界
高原　健	札幌市立福井野中学校校長		卒業文集最後の二行／一冊のノート／余命ゼロ　命のメッセージ
嶺村　岳	長野県大町市立第一中学校教諭		埴生の宿／ぼくの物語　あなたの物語／命の選択
加藤　一郎	北海道文教大学・札幌国際大学非常勤講師		背番号10／私がピンク色のキャップをかぶるわけ／海とストロー
新井　紀美	千葉県流山市立おおたかの森中学校教諭		特別支援学級における道徳科授業のポイント／お母さん、お願いね／挨拶は言葉のスキンシップ
笠井　善亮	千葉県流山市立東深井小学校校長		特別支援学級における道徳科授業のポイント／お母さん、お願いね／挨拶は言葉のスキンシップ

板書で見る全時間の授業のすべて
特別の教科 道徳 中学校 3 年

2022（令和 4）年 3 月20日　初版第 1 刷発行

編 著 者：田沼　茂紀
発 行 者：錦織　圭之介
発 行 所：株式会社東洋館出版社
　　　　　〒113-0021　東京都文京区本駒込 5 丁目16番 7 号
　　　　　営 業 部　電話 03-3823-9206　FAX 03-3823-9208
　　　　　編 集 部　電話 03-3823-9207　FAX 03-3823-9209
　　　　　振　　替　00180-7-96823
　　　　　U　R　L　https://www.toyokan.co.jp

印刷・製本：藤原印刷株式会社

装丁デザイン：小口翔平＋後藤司（tobufune）
本文デザイン：藤原印刷株式会社
イラスト：いまいかよ

ISBN978-4-491-04789-8　　　　　　　　　　　　Printed in Japan